# Prefazione al volume 3

L'attesa è finita e ne è valsa la pena, perché con questo terzo volume del mio libro potrete aggiungere cinquanta titoli di società di successo all'elenco già scoperto nei volumi 1 e 2 del libro. Il terzo volume arriva anche in un momento molto opportuno, perché l'anno 2023 è un momento eccellente per investire nel mercato azionario e aumentare così in modo significativo la vostra ricchezza. L'anno 2022 è stato indubbiamente molto difficile, ma se osserviamo l'andamento storico dei mercati azionari dal 1920, vediamo che un anno di ribasso è sempre seguito da uno o più anni di rialzo. Secondo alcuni analisti, i mercati azionari dovrebbero raggiungere un aumento del 20% nel 2023. Se consideriamo che è perfettamente possibile sovraperformare i mercati investendo correttamente nelle 200 società che ho presentato nei tre volumi del libro, dovreste essere in grado di aspettarvi un aumento del patrimonio dal 30 al 35% se investite in modo intelligente in queste società.

**Il quarto volume, con i titoli dal 201 al 250, sarà pubblicato a breve. Quindi, rimanete sintonizzati!**

## Prefazione al volume 2

Ho investito molte centinaia di ore del mio tempo libero per realizzare questo elenco. Volevo investire bene il mio patrimonio, ma in che cosa? In azioni di sicuro, ma in quali? Ma voi siete fortunati, perché avete la strada più facile... Dovete solo comprare questo libro, ecco tutto! Questo volume è la continuazione del primo volume di successo di questo libro. Se non l'avete ancora acquistato, vi consiglio vivamente di rimediare.

So che i tempi del mercato azionario sono diventati più duri nel 2022, ma investire in buoni titoli è sempre utile nel medio termine. I titoli di questa lista, come quelli del primo volume del libro, indicano una crescita media annua del 25% negli ultimi 10 anni. In termini concreti, ciò significa che in 15 anni 10.000 € possono diventare 285.000 €, o 20.000 € possono diventare 570.000 € sul conto.

I nuovi volumi (3 e 4) con i titoli da 151 a 200 e da 201 a 250 saranno pubblicati a breve. Quindi, rimanete sintonizzati!

## Prefazione al volume 1

Grazie per l'interesse dimostrato nei confronti di questo libro. Se lo avete già acquistato dopo averne letto il contenuto, avrete notato che non si tratta di un libro di consigli di borsa.

L'obiettivo di questo libro è quello di mettere nelle vostre mani un elenco di cento società che hanno mostrato una crescita quasi costante nel mercato azionario per molti anni.

A dire il vero, voglio sottolineare la parola "quasi", perché non c'è titolo in borsa che cresca costantemente senza mostrare almeno qualche piccola debolezza di tanto in tanto. Che si tratti di una crisi finanziaria, sanitaria o geopolitica, di una lieve crisi in un settore dell'economia o delle politiche monetarie delle principali banche centrali, nessun titolo è completamente immune da uno o più di questi fattori imponderabili e, nel medio-lungo termine, da uno o più incidenti di percorso. Tuttavia, la probabilità di essere risparmiati da questi incidenti nei nostri investimenti in borsa può essere notevolmente aumentata se investiamo in titoli solidi. Le società che vi presento in questo libro provengono da diversi settori economici e da diversi Paesi, ma hanno tutte in comune il fatto di avere alle spalle una solida performance borsistica nel lungo periodo.

Questo elenco è nato gradualmente da un lavoro minuzioso iniziato circa dieci anni fa, quando sono giunto alla conclusione che si può avere successo in borsa, ma solo se si scelgono bene i titoli da acquistare. I titoli presentati in questo elenco non sono assolutamente solo i grandi nomi della tecnologia, del trading o della finanza che ci si aspetterebbe di trovare in un elenco del genere.

Ci sono sicuramente alcuni di questi titoli nell'elenco, ma ce ne sono anche molti altri che probabilmente non conoscete nemmeno, ma che potrebbero darvi molto successo negli investimenti in borsa.

Come ho detto all'inizio, con questo lavoro non vi metto in mano un libro di consigli di borsa, nel senso che non vi dirò quali criteri dovreste usare per scegliere i vostri titoli. Questo compito è lasciato a voi. I titoli che vi presento costituiscono la base. Per quanto mi riguarda, seleziono i titoli in cui investire utilizzando un semplice foglio di calcolo in cui inserisco i dati dei titoli più performanti degli ultimi sei anni e dell'ultimo mese. Poi ordino questi dati in base a vari criteri e la mia lista di decisioni è pronta.

Se volete diventare dei solidi esperti di borsa, troverete migliaia di guide sul mercato azionario. Tuttavia, sono convinto che non sia necessario essere un esperto di finanza per investire con successo nel mercato azionario. Soprattutto, è importante compilare un elenco di società solide da tenere d'occhio regolarmente, in modo da essere preparati a investire bene quando sarà il momento.

Vi propongo qui un elenco di questo tipo. Il monitoraggio regolare va fatto anche per i vostri investimenti, perché, come ho detto prima, non si possono mai escludere del tutto le debolezze, anche temporanee. A volte è necessario abbandonare gli investimenti precedenti per un po' o per sempre. Tuttavia, la maggior parte delle azioni presentate qui sono del tipo che Warren Buffett intendeva quando scrisse: "Se non potete immaginare di tenere un'azione per dieci anni, non compratela nemmeno per dieci minuti". Dovrete separarvene solo quando avrete deciso che è arrivato il momento di approfittare dell'aumento di valore che hanno raggiunto.

Le azioni che vi presento hanno tutte le potenzialità per moltiplicare la vostra ricchezza. Fate la scelta giusta, scegliete le migliori quando arriva il momento di investire in borsa e potreste diventare milionari prima di quanto pensiate!

## 151.   ACTIVISION BLIZZARD INC.

**WKN:** A0Q4K4 **ISIN:** US00507V1098

Ocean Park Boulevard 3100 90405 Santa Monica, CA, USA

**INTERNET**   https://investor.activision.com/

**Società**

ACTIVISION BLIZZARD INC. è uno sviluppatore ed editore di contenuti e servizi di intrattenimento interattivo. L'azienda sviluppa e distribuisce contenuti e servizi per console per videogiochi, PC e dispositivi mobili. I suoi giochi sono disponibili nella maggior parte dei Paesi del mondo. A metà gennaio 2022 è stata annunciata la prevista acquisizione di Activision Blizzard da parte della società di software Microsoft.

Negli ultimi dieci anni, ACTIVISION BLIZZARD ha guadagnato in media il **20% all'anno.**

# ACTIVISION BLIZZARD INC.GRAFICO DELLE AZIONI (2013 - 2023) IN DOLLARO USA

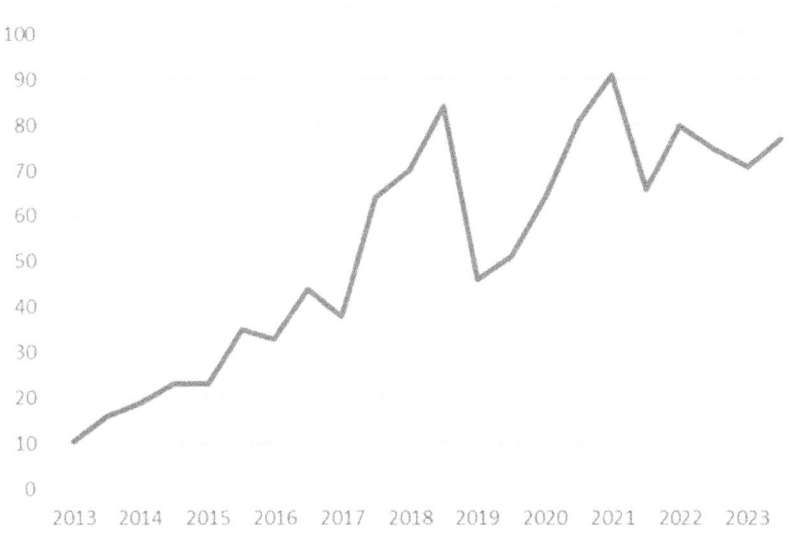

## 152. ACUSHNET HOLDINGS CORP

**WKN:** A2ATTR **ISIN:** US0050981085

333 Bridge Street Fairhaven, MA 02719, USA

**INTERNET** https://www.acushnetholdingscorp.com

### Società

ACUSHNET HOLDINGS CORP è la società ombrello sotto la quale sono raggruppati i marchi di golf Titleist, FootJoy, Kjus e Pinnacle. È una filiale di Fila.

La ACUSHNET HOLDINGS ha guadagnato in media il **19% annuo** negli ultimi dieci anni.

# ACUSHNET HOLDINGS GRAFICO DELLE AZIONI (2018- 2023) in DOLLARO USA

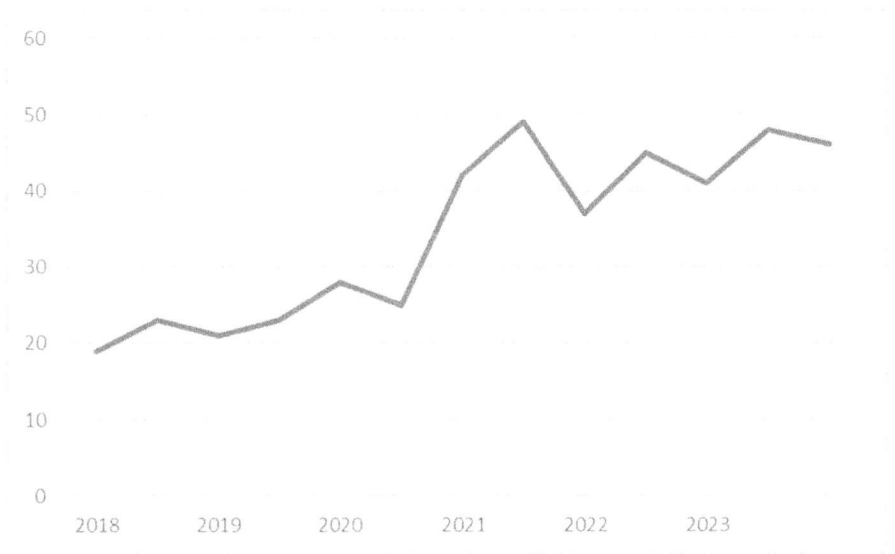

## 153.  AIRBUS GROUP

**WKN:** 938914 **ISIN:** NL0000235190

B80 Building, 2, rond-point Dewoitine, BP 90112 31703 Blagnac**, FRANCIA**

**INTERNET**  https://www.airbus.com

### Società

Il Gruppo AIRBUS è uno dei due maggiori produttori al mondo di aerei commerciali, elicotteri civili, veicoli di lancio spaziali commerciali e missili, nonché la più grande azienda aerospaziale in Europa. L'azienda detiene inoltre una posizione di leadership nel settore degli aerei militari, dei satelliti e dell'elettronica per la difesa. Il Gruppo AIRBUS comprende il costruttore di aerei civili Airbus, il costruttore di elicotteri Eurocopter e l'azienda spaziale Astrium. Il Gruppo opera in oltre 170 sedi in tutto il mondo e sta espandendo sempre più le sue attività al di fuori dell'Europa.

Negli ultimi dieci anni, AIRBUS ha guadagnato in media il **10% annuo.**

# Gruppo AIRBUS grafico delle azioni (2013 - 2023) in euro

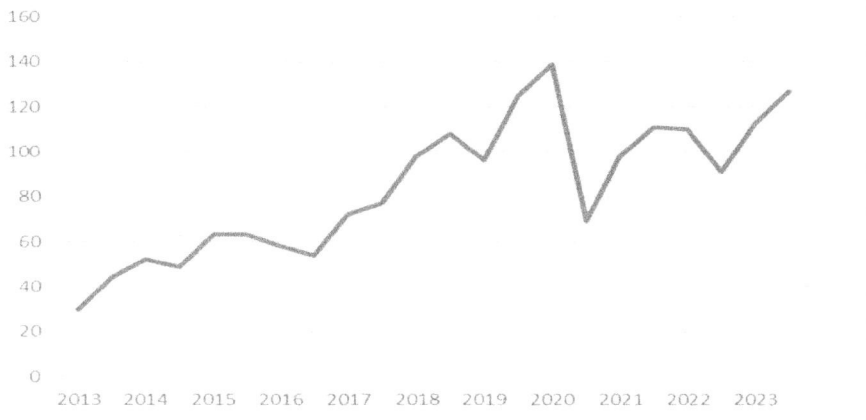

## 154.   AIR LIQUIDE SA

**WKN:** 850133 **ISIN:** FR0000120073

Quai d'Orsay 75 75321 Paris, **FRANCIA**

**INTERNET**   https://www.airliquide.com

**Società**

AIR LIQUIDE SA è un produttore di gas industriali e gas liquidi per applicazioni mediche presente a livello internazionale. I gas, come l'ossigeno, l'azoto, l'argon e l'idrogeno, sono utilizzati nella lavorazione del petrolio e dell'acciaio, nella produzione di carta e vetro, nonché nel settore sanitario o nell'industria dei semiconduttori e del fotovoltaico. Il Gruppo è suddiviso in tre divisioni: Gas e Servizi, Ingegneria e Costruzioni e Mercati Globali e Tecnologie. AIR LIQUIDE SA ha esteso le sue attività commerciali a più di 80 Paesi.

Negli ultimi dieci anni AIR LIQUIDE ha guadagnato in media il **9% annuo.**

# AIR LIQUIDE SA grafico delle azioni (2013 - 2023) in euro

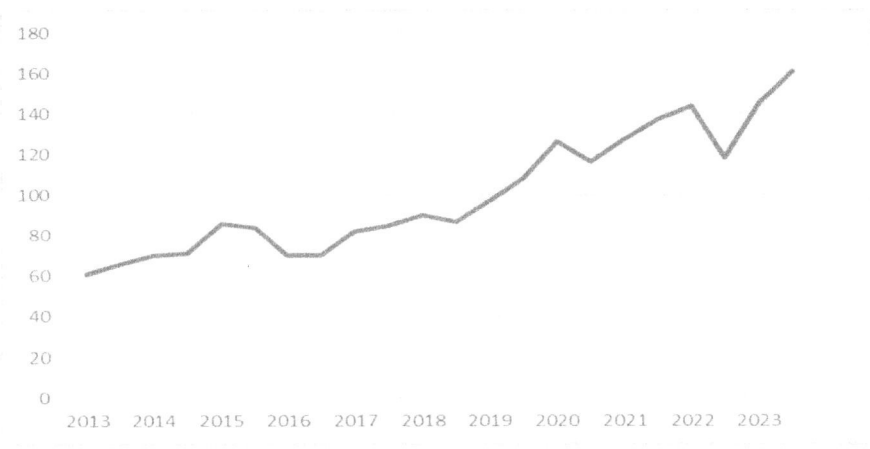

## 155.    ALIGN TECHNOLOGY INC.

**WKN:** 590375 **ISIN:** US0162551016

410 North Scottsdale Road Suite 1300 Tempe, Arizona 85281, **USA**

**INTERNET**   http://www.aligntech.com

**Società**

ALIGN TECHNOLOGY INC produce apparecchi e prodotti trasparenti per il settore ortodontico e ha sviluppato il prodotto Invisalign. Invisalign è un apparecchio invisibile venduto in 45 paesi del mondo. Altri componenti della gamma includono scanner intraorali e servizi digitali. ALIGN TECHNOLOGY INC possiede filiali e uffici in tutto il mondo.

Negli ultimi dieci anni, ALIGN TECHNOLOGY ha guadagnato in media il **24% all'anno**.

# ALIGN TECHNOLOGY INC grafico delle azioni (2013 - 2023) in euro

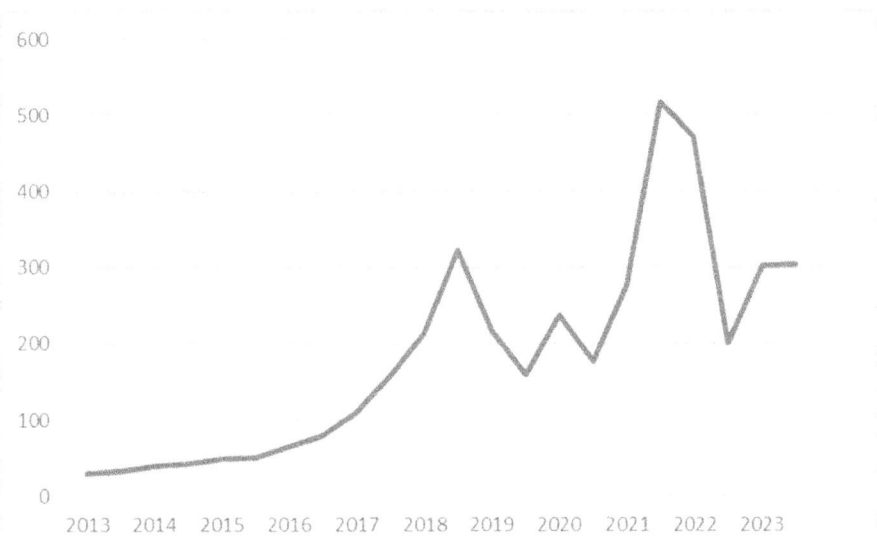

## 156.   ALTAIR ENGINEERING INC.

**WKN:** A2DYPC **ISIN:** US0213691035

1820 E. Big Beaver Rd. Troy, MI 48083, **USA**

**INTERNET**   https://altair.com

## Società

ALTAIR ENGINEERING INC. fornisce soluzioni ad architettura aperta per l'analisi dei dati e l'intelligenza artificiale (AI), la progettazione assistita da computer e il calcolo ad alte prestazioni (HPC) che consentono lo sviluppo e l'ottimizzazione di prodotti e processi ad alte prestazioni, innovativi e sostenibili.

Negli ultimi dieci anni, ALTAIR ENGINEERING ha guadagnato in media il **27% all'anno.**

# ALTAIR ENGINEERING INC. grafico delle azioni (2017 - 2023) in euro

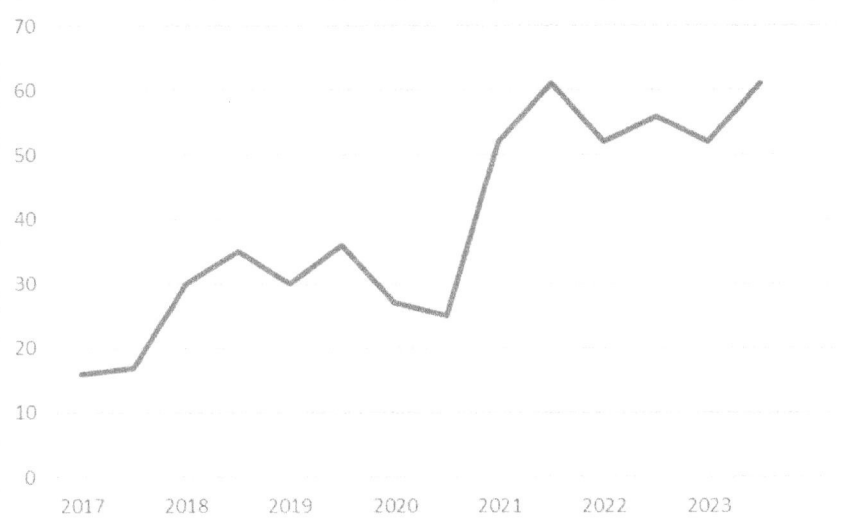

## 157.   AMADEUS FIRE AG

**WKN:** 509310 **ISIN:** DE0005093108

Hanauer Landstraße 160 60314 Frankfurt am Main,
**GERMANIA**

**INTERNET**   https://www.amadeus-fire.de

**Società**

AMADEUS FIRE AG è un fornitore di servizi per il personale specializzato in specialisti e manager nei settori commerciale e informatico. Inoltre, Amadeus Fire AG si è posizionata sul mercato nelle aree di vendita, marketing, approvvigionamento, risorse umane e logistica.

Nell'ultimo decennio, AMADEUS FIRE ha guadagnato in media il **10% all'anno.**

# AMADEUS FIRE AG grafico delle azioni (2013 - 2023) in euro

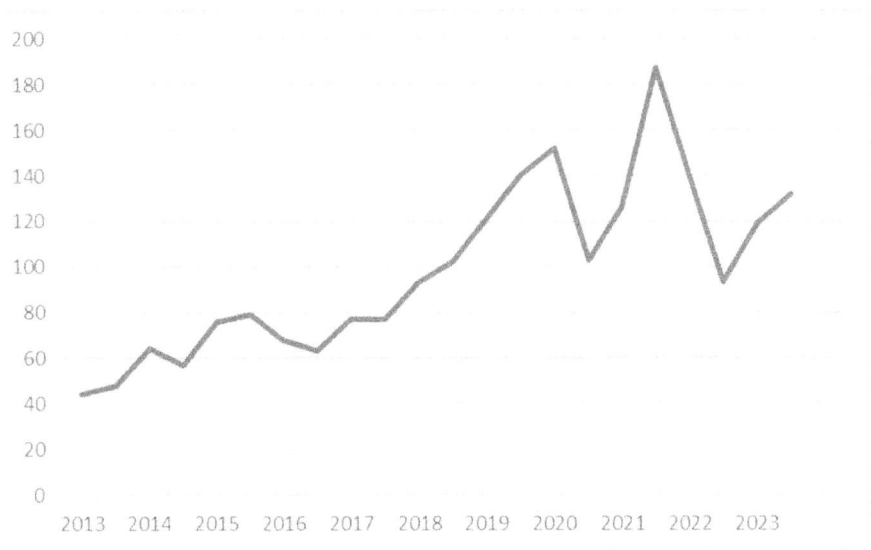

## 158. AMERIPRISE FINANCIAL INC.

**WKN:** A0F55S **ISIN:** US03076C1062

753 Ameriprise Financial Ctr, Minneapolis, MN 55474**, USA**

**INTERNET** https://ir.ameriprise.com

## Società

AMERIPRISE FINANCIAL INC. fornisce prodotti e servizi di pianificazione finanziaria, liquidità, accumulo di ricchezza, reddito, protezione e trasferimento di proprietà e patrimonio. Negli Stati Uniti, Ameriprise commercializza i suoi prodotti e le sue soluzioni attraverso tre marchi principali: Ameriprise Financial, Columbia Management e RiverSource. Nel mercato internazionale, le soluzioni di gestione patrimoniale sono commercializzate attraverso il marchio Threadneedle.

Negli ultimi dieci anni AMERIPRISE FINANCIAL ha guadagnato in media il **15% annuo.**

# AMERIPRISE FINANCIAL INC. grafico delle azioni (2016 - 2023) in euro

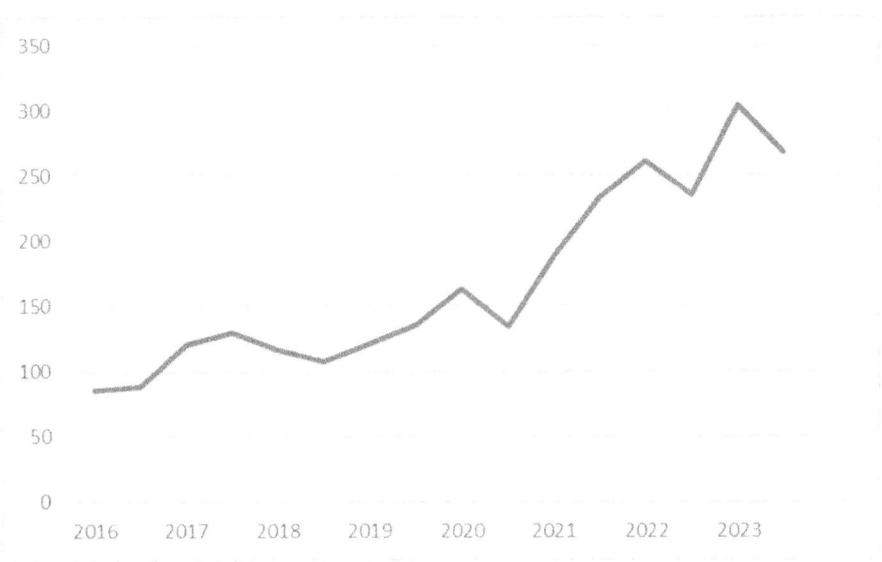

## 159.    ANALOG DEVICES INC.

**WKN:** 862485 **ISIN:** US0326541051

One Analog Way Wilmington, MA 01887**, USA**

**INTERNET**   https://www.analog.com/

**Società**

ANALOG DEVICES INC. è un produttore di semiconduttori. L'azienda sviluppa soluzioni e tecnologie per la strumentazione, l'automazione, le comunicazioni, la sanità, il settore automobilistico e altri settori. Tra i clienti figurano fornitori di apparecchiature per le telecomunicazioni come Alcatel-Lucent, Ericsson e Nokia-Siemens-Networks; fornitori di automobili come Autoliv, Bosch e Continental; produttori di beni di consumo come Harman e Philips; e una serie di clienti industriali tra cui Siemens e Rohde & Schwarz.

Negli ultimi dieci anni, ANALOG DEVICES ha guadagnato in media il **17% all'anno.**

**ANALOG DEVICES INC. grafico delle azioni (2014 - 2023) in euro**

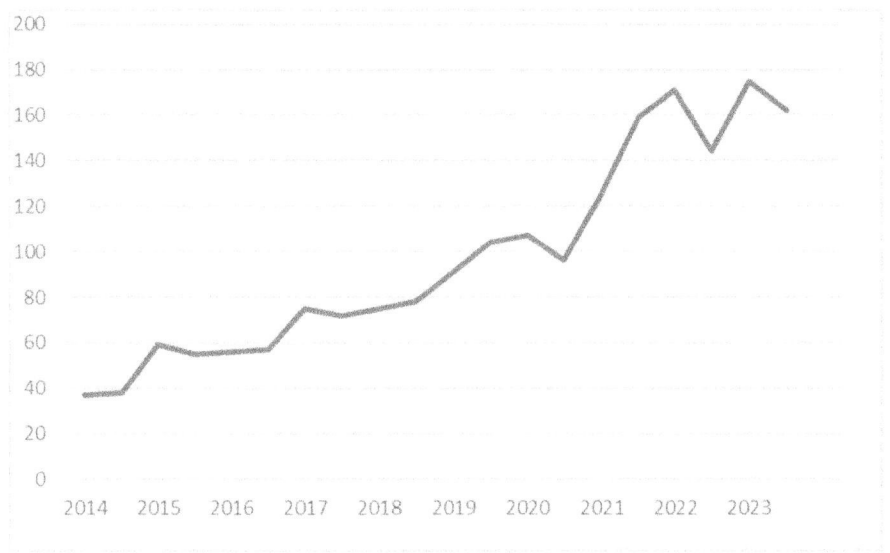

## 160.    APPLE INC.

**WKN:** 865985 **ISIN:** US0378331005

One Apple Park Way Cupertino, California 95014, **USA**

**INTERNET**   https://www.apple.com/

APPLE INC. designs, manufactures and sells smartphones, PCs, tablets, wearables and accessories, as well as a variety of cloud services. APPLE INC. also sells related software, peripherals, networking products, and digital content and apps.

In the past ten years APPLE has gained **28% p.a.** on average.

# APPLE INC. grafico delle azioni (2013 - 2023) in euro

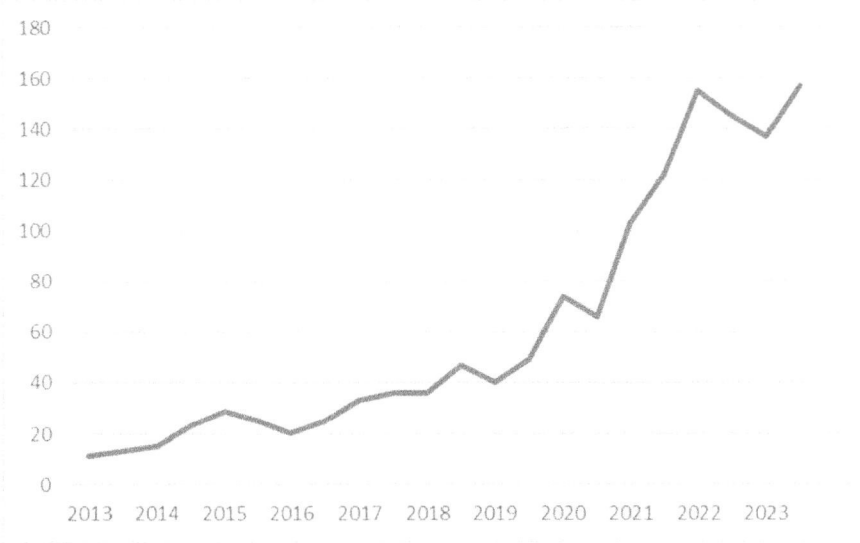

## 161. APPLIED MATERIALS INC.

**WKN:** 865177 **ISIN:** US0382221051

Bowers Avenue 3050 95052-8039 Santa Clara, CA, **USA**

**INTERNET** https://ir.appliedmaterials.com/

## Società

APPLIED MATERIALS INC. è un fornitore leader a livello mondiale per i settori dei semiconduttori, degli schermi piatti e dell'energia solare. Le soluzioni dell'azienda sono utilizzate nella produzione di prodotti come smartphone, TV a schermo piatto e pannelli solari. La gamma di prodotti e servizi di APPLIED MATERIALS INC. comprende anche fabbriche chiavi in mano per la produzione di celle solari.

Negli ultimi dieci anni, APPLIED MATERIALS ha guadagnato in media il **24% annuo.**

# APPLIED MATERIALS INC. grafico delle azioni (2013 - 2023) in euro

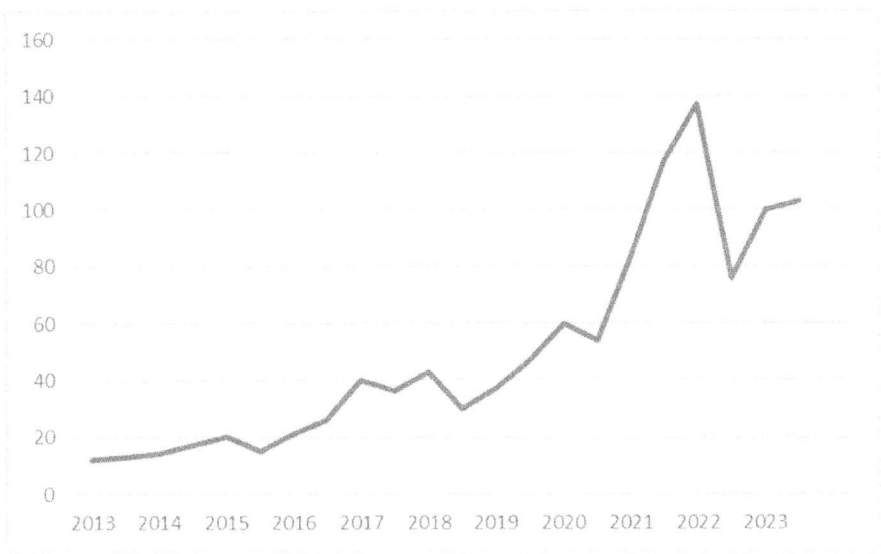

## 162. ASML HOLDING NV

**WKN:** A1J4U4 **ISIN:** NL0010273215

De Run 6501 5504 DR Veldhoven, **PAESI BASSI**

**INTERNET** https://www.asml.com

## Società

ASML HOLDING NV si occupa della produzione di sistemi di litografia ottica per l'industria dei semiconduttori. L'azienda produce macchine complesse per la produzione di chip e circuiti integrati (IC). Il Gruppo è attivo nella progettazione, nello sviluppo, nella produzione e nella commercializzazione e fornisce servizi complementari. A livello mondiale, ASML HOLDING NV è presente in oltre 60 sedi in 16 Paesi.

Negli ultimi dieci anni, ASML HOLDING ha guadagnato in media il **25% annuo.**

## ASML HOLDING NV grafico delle azioni (2013 – 2023) in euro

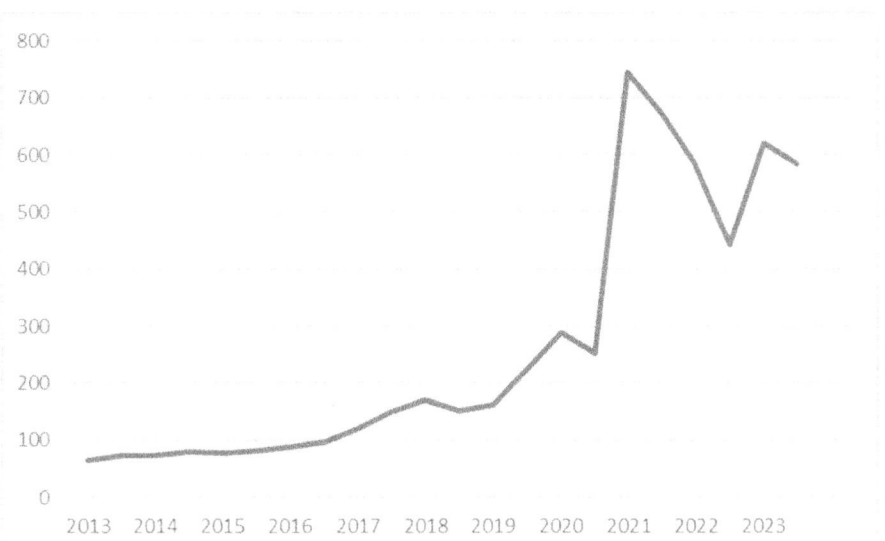

## 163.  AUTODESK INC.

**WKN:** 869964 **ISIN:** US0527691069

McInnis Parkway 111 94903 San Rafael, CA**, USA**

**INTERNET**   https://www.autodesk.com/

## Società

AUTODESK INC. sviluppa e distribuisce software nei settori della progettazione 3D, dell'ingegneria e dell'intrattenimento. AUTODESK INC. sviluppa e distribuisce software per la progettazione, l'ingegneria e l'intrattenimento in 3D. Anche i contenuti sono offerti da AUTODESK INC. L'azienda opera nei settori dell'ingegneria, dell'architettura, dell'edilizia, dei sistemi informativi geografici e del multimediale, nonché della progettazione e dello sviluppo di prodotti. AutoCAD è il prodotto di punta dell'azienda.

Negli ultimi dieci anni, AUTODESK ha guadagnato in media il **19% all'anno.**

# AUTODESK INC. grafico delle azioni (2013 - 2023) in euro

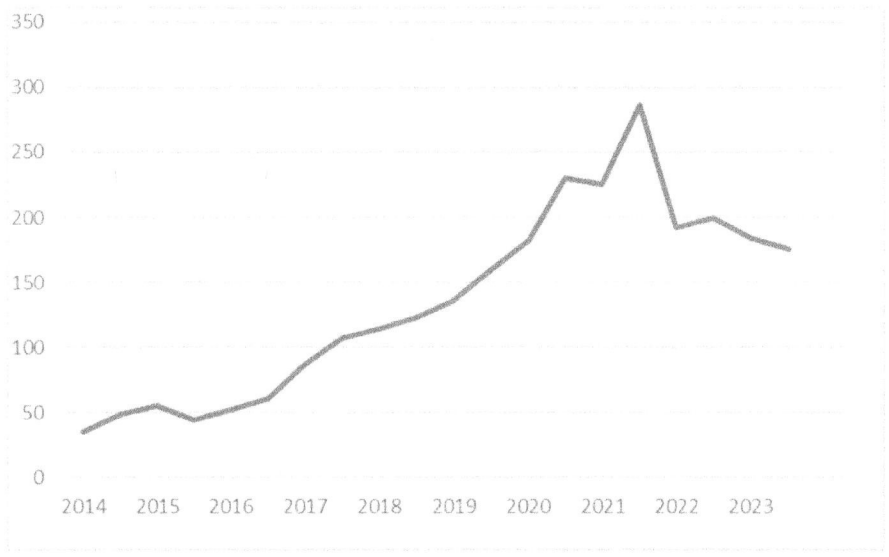

## 164. AUTOMATIC DATA PROCESSING INC.

**WKN:** 850347 **ISIN:** US0530151036

ADP Boulevard 1 07068 Roseland, NJ, **USA**

**INTERNET** https://www.adp.com/

**Società**

AUTOMATIC DATA PROCESSING INC. è un fornitore globale di servizi di gestione delle risorse umane. Il software e i servizi relativi alla gestione delle risorse umane fanno parte del portafoglio di AUTOMATIC DATA PROCESSING INC. L'azienda offre anche soluzioni specifiche per concessionari, autofficine e case automobilistiche nelle aree clienti, veicoli, ricambi, contabilità, vendite o leasing.

Negli ultimi dieci anni, AUTOMATIC DATA PROCESSING ha guadagnato in media il **15% all'anno.**

# AUTOMATIC DATA PROCESSING INC.. grafico delle azioni (2013 - 2023) in euro

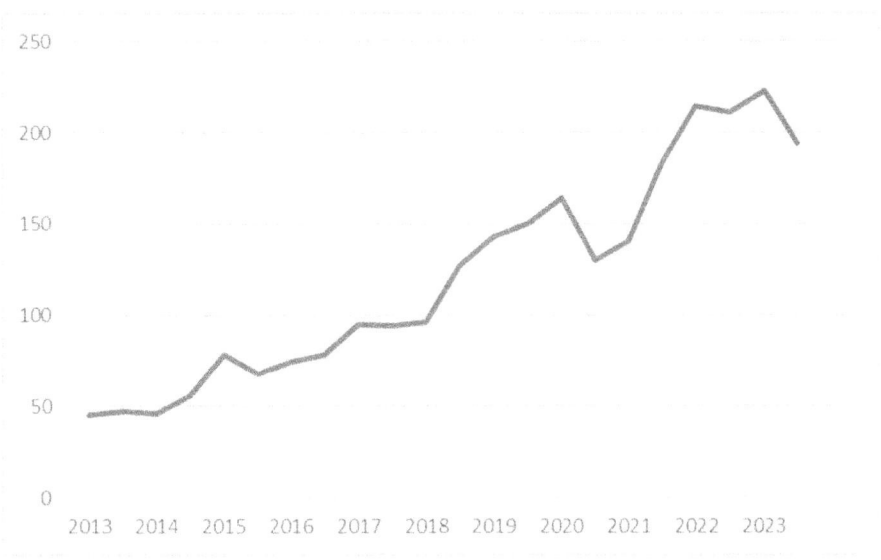

## 165.  AUTOZONE INC.

**WKN:** 881531 **ISIN:** US0533321024

South Front Street 123 38103 Memphis, TN**, USA**

**INTERNET**   https://www.autozone.com/

## Società

AUTOZONE INC. vende ricambi e accessori per auto attraverso la propria catena di negozi. AUTOZONE INC. non concede licenze di franchising. L'azienda gestisce oltre 5.300 negozi AutoZone negli Stati Uniti e altri negozi in Colombia, Porto Rico, Messico e Brasile. Per i camion e i furgoni, l'azienda offre articoli speciali nei negozi TruckPro.

Negli ultimi dieci anni, AUTOZONE ha guadagnato in media il **22% annuo.**

# AUTOZONE INC.. grafico delle azioni (2014 - 2023) in euro

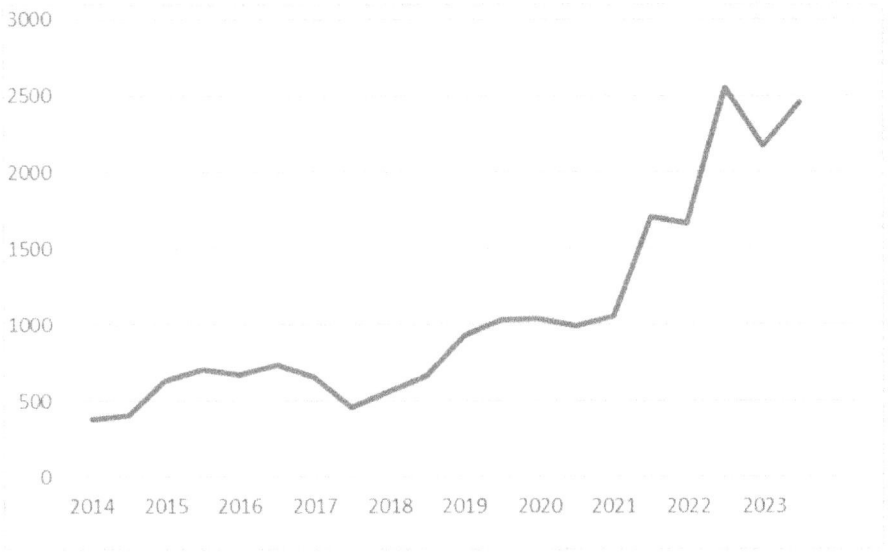

## 166.  BADGER METER INC.

**WKN:** 863871 **ISIN:** US0565251081

4545 West Brown Deer Road; 53223-2413 Milwaukee, **USA**

**INTERNET**  http://www.badgermeter.com

## Società

BADGER METER INC. è un'azienda leader nella progettazione e produzione di soluzioni per la misurazione del flusso, la qualità, il controllo e la comunicazione. L'azienda fornisce contatori d'acqua meccanici o statici e le relative tecnologie e servizi radio e software, nonché misuratori di portata d'acqua per centrali idroelettriche e impianti di trattamento delle acque reflue. L'azienda vende i suoi prodotti principalmente negli Stati Uniti.

Negli ultimi dieci anni, BADGER METER ha guadagnato in media il **21% all'anno.**

# BADGER METER INC.. grafico delle azioni (2013 - 2023) in euro

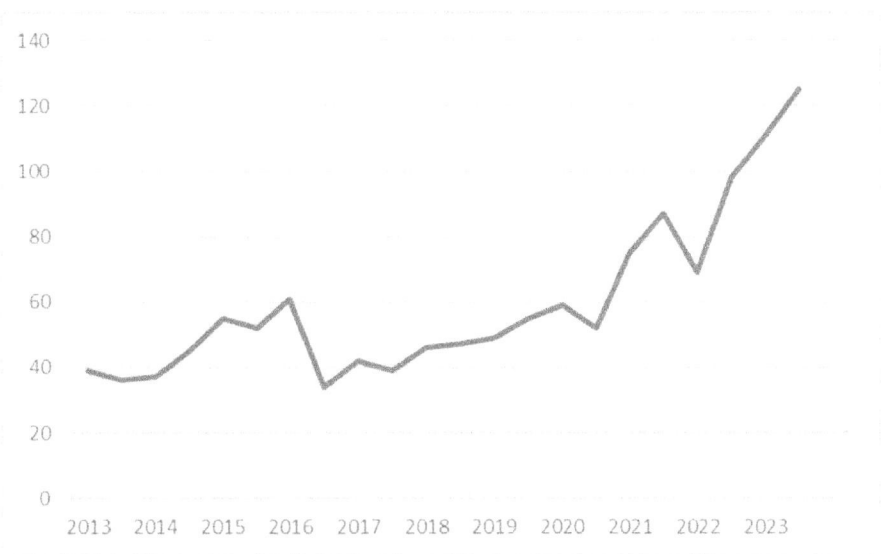

## 167.  BANDAI NAMCO HOLDINGS INC.

**WKN:** A0F6LZ **ISIN:** JP3778630008

4-5-15, Higashi-Shinagawa, Shinagawa-ku, Tokio,
**GIAPPONE**

**INTERNET**   https://www.bandainamco.co.jp/

**Società**

BANDAI NAMCO HOLDINGS INC. è un gruppo di giocattoli e intrattenimento nato dalla fusione della società di videogiochi Namco e del produttore di giocattoli Bandai. La sua linea di prodotti comprende giocattoli, giochi per computer, anime, sale giochi e parchi a tema. BANDAI NAMCO HOLDINGS INC. è uno dei maggiori produttori di giocattoli al mondo per fatturato.

Negli ultimi dieci anni, BANDAI NAMCO HOLDINGS ha guadagnato in media il **18% all'anno.**

# BANDAI NAMCO HOLDINGS INC. grafico delle azioni (2014 - 2023) in euro

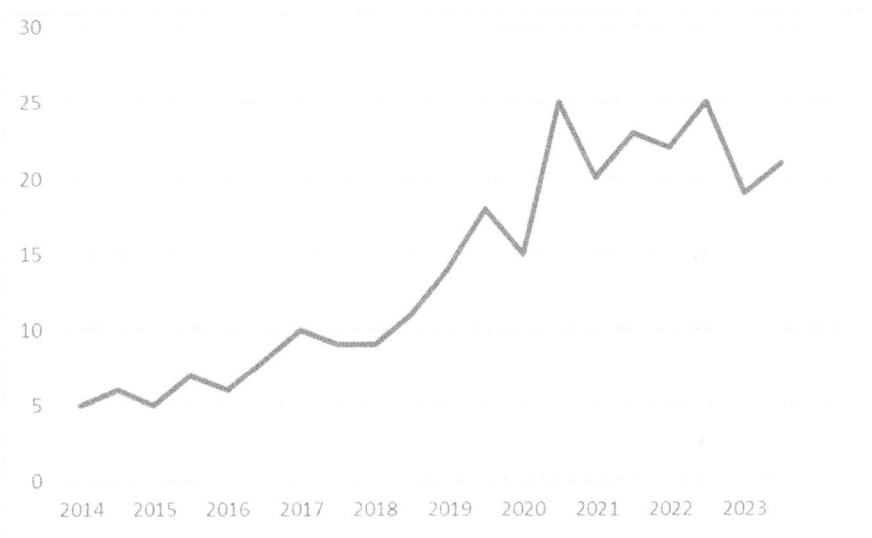

## 168.   BECHTLE AG

**WKN:** 515870 **ISIN:** DE0005158703

Bechtle Platz 1 74172 Neckarsulm, **GERMANIA**

**INTERNET**   https://www.bechtle.com

**Società**

Con circa 80 sedi di system house in Germania, Austria e Svizzera e 24 società di e-commerce in 14 Paesi, BECHTLE AG è la più grande system house IT d'Europa e il principale fornitore di e-commerce IT in Europa. L'azienda è collegata in rete a livello mondiale attraverso partner di alleanza informatica in tutti i continenti.

Negli ultimi dieci anni, BECHTLE ha guadagnato in media il **19% annuo.**

# BECHTLE AG grafico delle azioni (2013 - 2023) in euro

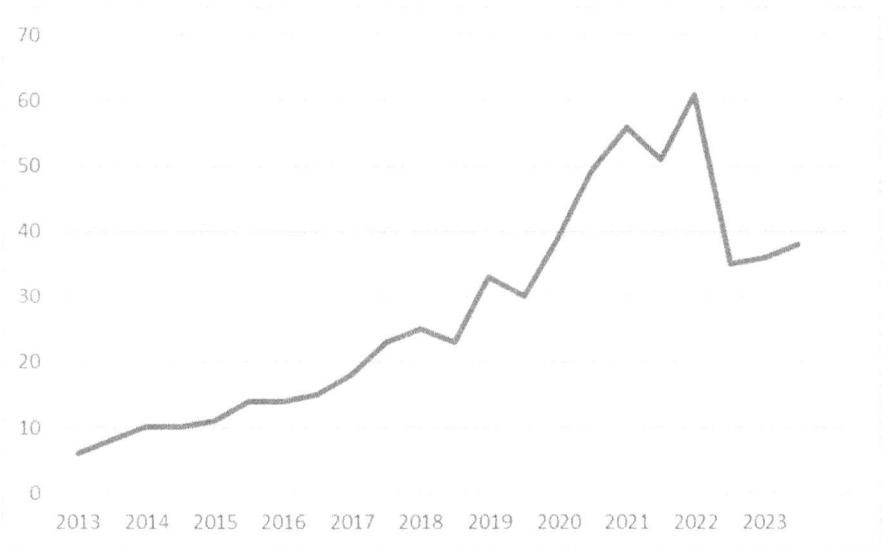

## 169. BOSTON SCIENTIFIC CORP.

**WKN:** 884113 **ISIN:** US1011371077

Boston Scientific Way 300 01752-1234, Marlborough, MA, **USA**

**INTERNET** https://www.bostonscientific.com

## Società

BOSTON SCIENTIFIC CORP. sviluppa, produce e commercializza prodotti utilizzati in una serie di trattamenti medici specialistici tra cui cardiologia, elettrofisiologia, gastroenterologia, interventi neurovascolari, medicina polmonare, radiologia, oncologia, urologia e medicina vascolare.

Negli ultimi dieci anni, BOSTON SCIENTIFIC ha guadagnato in media il **19% all'anno**.

# BOSTON SCIENTIFIC CORP. grafico delle azioni (2013 - 2023) in euro

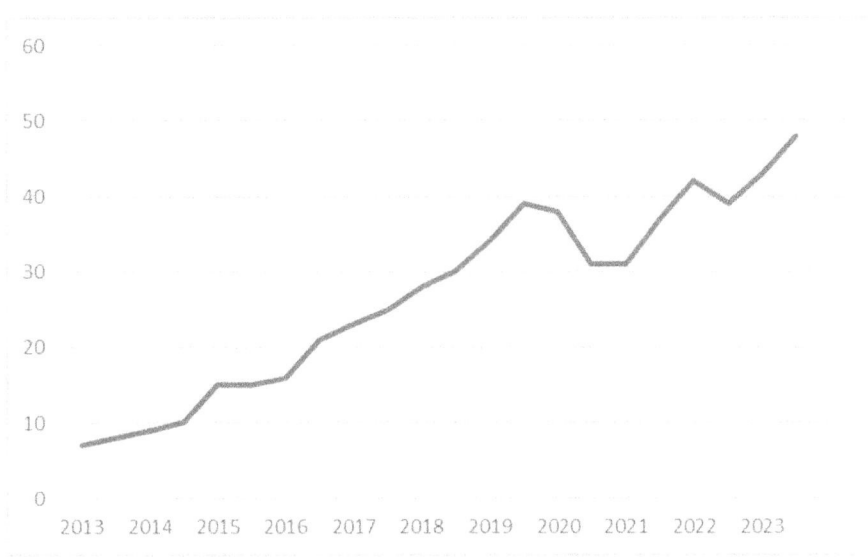

## 170.  BROADCOM INC.

**WKN:** 11135F101 **ISIN:** US11135F1012

1320 Ridder Park Drive San Jose, California, **USA**

**INTERNET**   https://www.broadcom.com/

**Società**

BROADCOM INC. è un fornitore di circuiti integrati, adattatori di rete e dispositivi per la trasmissione di dati. Il gruppo è costituito da attività operative in aree focalizzate su dispositivi e infrastrutture. BROADCOM INC. produce chip altamente integrati che consentono comunicazioni a banda larga e la trasmissione di audio, video e dati. BROADCOM INC. offre soluzioni complete di system-on-a-chip e relative applicazioni hardware e software per qualsiasi tipo di comunicazione a banda larga.

Negli ultimi dieci anni, BROADCOM ha guadagnato in media il **33% annuo**.

## BROADCOM INC. grafico delle azioni (2013 - 2023) in dollaro USA

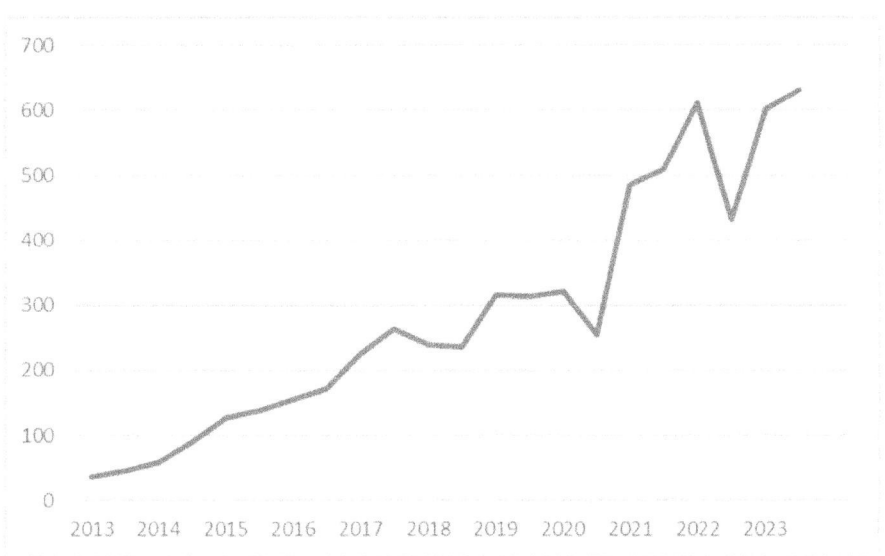

## 171. MTU AERO ENGINES AG

**WKN:** A0D9PT **ISIN:** DE000A0D9PT0

Dachauer Straße 665 80995 München, **GERMANIA**

**INTERNET** https://www.mtu.de

## Società

MTU AERO ENGINES AG è un gruppo che sviluppa e produce moduli e componenti di motori, nonché motori aeronautici completi e turbine a gas industriali. I suoi clienti includono produttori e operatori di aerei commerciali e militari e di turbine a gas industriali in tutto il mondo. Il Gruppo è un'azienda tecnologica che produce turbine a bassa pressione, compressori ad alta pressione e processi di riparazione e produzione. MTU AERO ENGINES AG collabora, tra gli altri, con General Electric e Rolls-Royce.

Negli ultimi dieci anni, MTU AERO ENGINES ha guadagnato in media il **13% annuo.**

# MTU AERO ENGINES AG grafico delle azioni (2013 - 2023) in euro

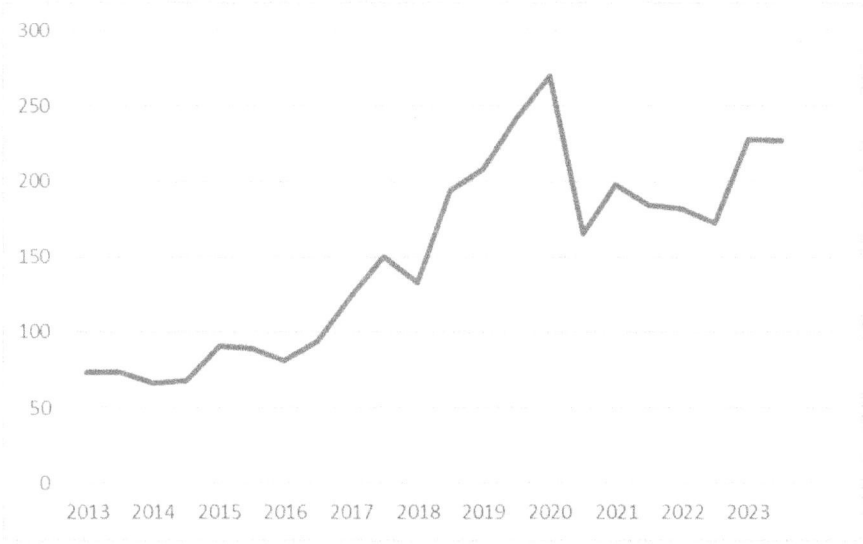

## 172. NETFLIX INC.

**WKN:** 552484 **ISIN:** US64110L1061

Winchester Circle 100 95032 Los Gatos, CA, **USA**

**INTERNET** https://ir.netflix.net

## Società

NETFLIX INC. offre servizi di intrattenimento ed è uno dei principali fornitori al mondo in questo campo con il suo portafoglio di serie TV e film. L'azienda conta circa 231 milioni di membri paganti in 190 Paesi. Le licenze per i format disponibili vengono acquisite dalle società di produzione e distribuzione e poi messe a disposizione dei clienti. Netflix produce anche molti dei formati offerti.

Negli ultimi dieci anni, NETFLIX ha guadagnato in media il **25% annuo.**

# NETFLIX INC. grafico delle azioni (2013 - 2023) in euro

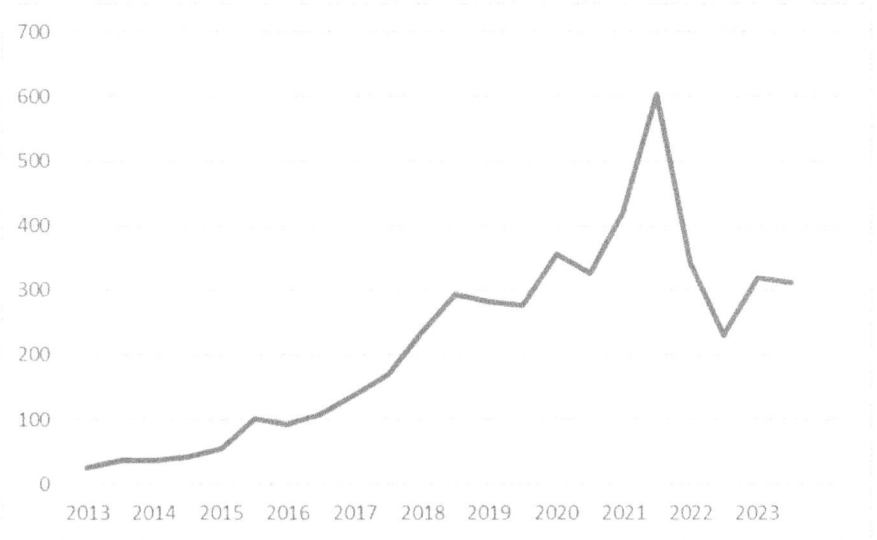

## 173. HYPOPORT SE

**WKN:** 549336 **ISIN:** DE0005493365

Heidestraße 8 10557 Berlin, **GERMANIA**

**INTERNET** https://www.hypoport.com

## Società

HYPOPORT SE è un fornitore di servizi finanziari basato su Internet. HYPOPORT SE è costituita da una rete di società tecnologiche per i settori del credito, immobiliare e assicurativo. Il gruppo distribuisce prodotti finanziari attraverso Dr. Klein & Co. AG e intermedia prodotti finanziari su una piattaforma di transazioni su Internet.

Negli ultimi dieci anni, HYPOPORT ha guadagnato in media il **33% annuo.**

# HYPOPORT SE grafico delle azioni (2013 - 2023) in euro

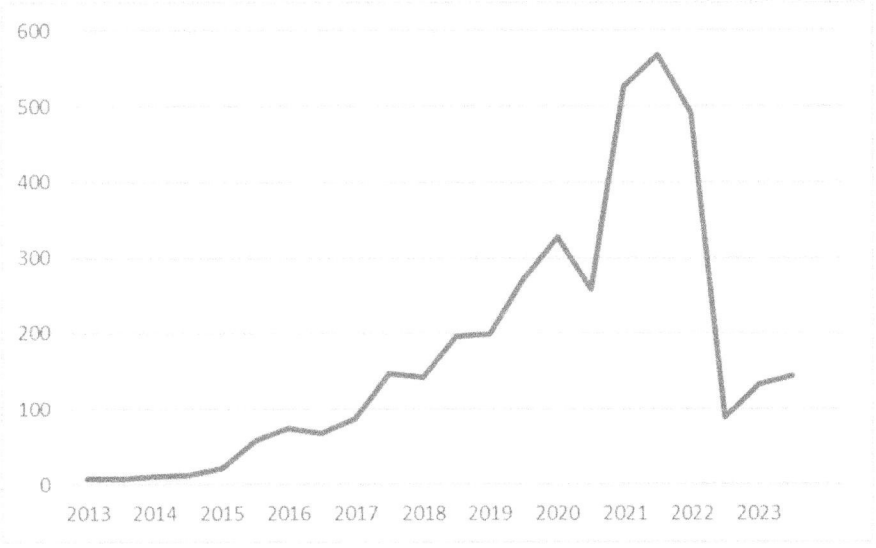

## 174. INTER PARFUMS INC.

**WKN:** 883617 **ISIN:** US4583341098

551 Fifth Avenue, New York, New York 10176, **USA**

**INTERNET** https://www.interparfumsinc.com

## Società

INTER PARFUMS INC. produce, commercializza e distribuisce profumi e cosmetici di alta qualità per i licenziatari Burberry, Van Cleef & Arpels, Jimmy Choo, Paul Smith, Montblanc, S.T. Dupont e Boucheron. L'azienda opera in Europa e negli Stati Uniti. I prodotti di INTER PARFUMS INC. sono venduti in oltre 100 Paesi del mondo.

Negli ultimi dieci anni, INTER PARFUMS ha guadagnato in media il **19% annuo.**

**INTER PARFUMS INC. grafico delle azioni (201 - 2023) in euro**

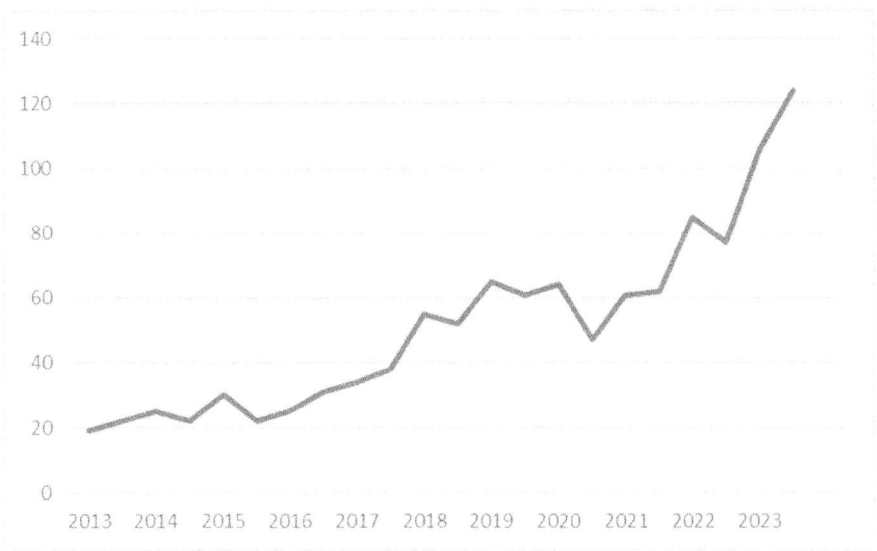

## 175.  LVMH MOET HENNESSY LOUIS VUITTON SE

**WKN:** 853292 **ISIN:** FR0000121014

Avenue Montaigne 22 75008 Paris, **FRANCIA**

**INTERNET**   https://www.lvmh.com

### Società

LVMH SE è un produttore e distributore globale di beni di lusso. Oggi l'azienda opera in tutto il mondo con i propri negozi in cinque aree del mercato del lusso: Vino e alcolici, moda e pelletteria, profumi e cosmetici, orologi e gioielli.

Negli ultimi dieci anni, LVMH ha guadagnato in media il **22% all'anno.**

# LVMH MOET HENNESSY LOUIS VUITTON SE grafico delle azioni (2013 - 2023) in euro

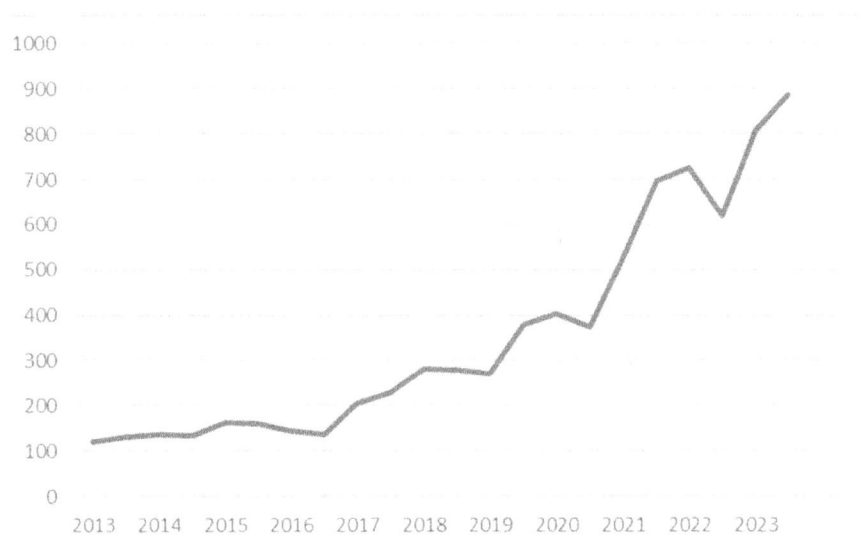

## 176.  MONCLER S.P.A.

**WKN:** A1W66W **ISIN:** IT0004965148

Via Enrico Stendhal, 47 20144 Milano, **ITALIA**

**INTERNET**  https://www.monclergroup.com/

**Società**

MONCLER S.P.A. produce e vende abbigliamento per uomo, donna e bambino e i relativi accessori con il marchio Moncler. L'azienda distribuisce le sue collezioni attraverso 180 boutique proprie, oltre che attraverso grandi magazzini esclusivi e negozi specializzati di moda internazionali.

Negli ultimi dieci anni, MONCLER ha guadagnato una media del **18% annuo.**

# MONCLER S.P.A. grafico delle azioni (2014 - 2023) in euro

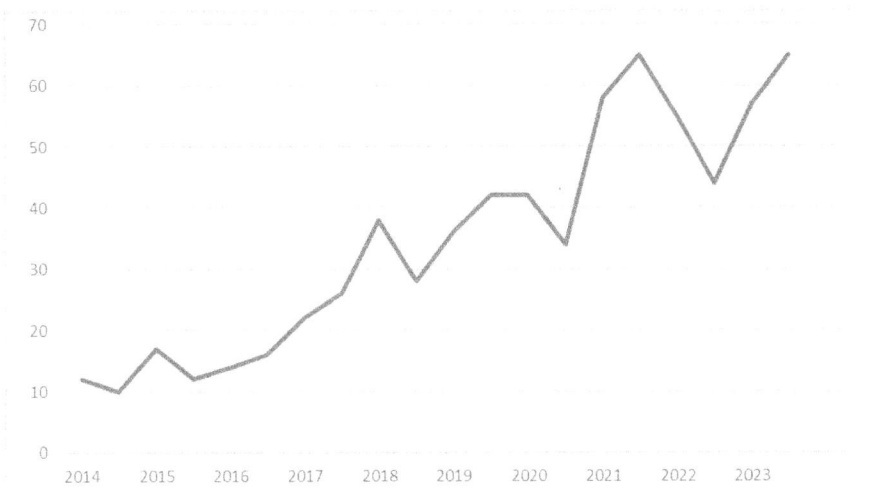

## 177. PROCTER & GAMBLE CO

**WKN:** 852062 **ISIN:** US7427181091

Procter & Gamble Plaza 1 45202 Cincinnati, OH , **USA**

**INTERNET** https://us.pg.com/

**Società**

PROCTER & GAMBLE CO è un produttore di beni di consumo per uso quotidiano. La gamma di prodotti comprende diverse centinaia di marchi e varianti di prodotti, che vanno dai prodotti per la bellezza, l'igiene e la salute ai prodotti per la casa e per i parrucchieri e al cibo per animali domestici. La gamma di prodotti è distribuita attraverso acquirenti di prodotti sfusi, negozi di alimentari e drogherie, oltre a piccoli punti vendita al dettaglio.

Negli ultimi dieci anni, PROCTER & GAMBLE ha guadagnato in media il **10% all'anno.**

## PROCTER & GAMBLE CO grafico delle azioni (2013 - 2023) in euro

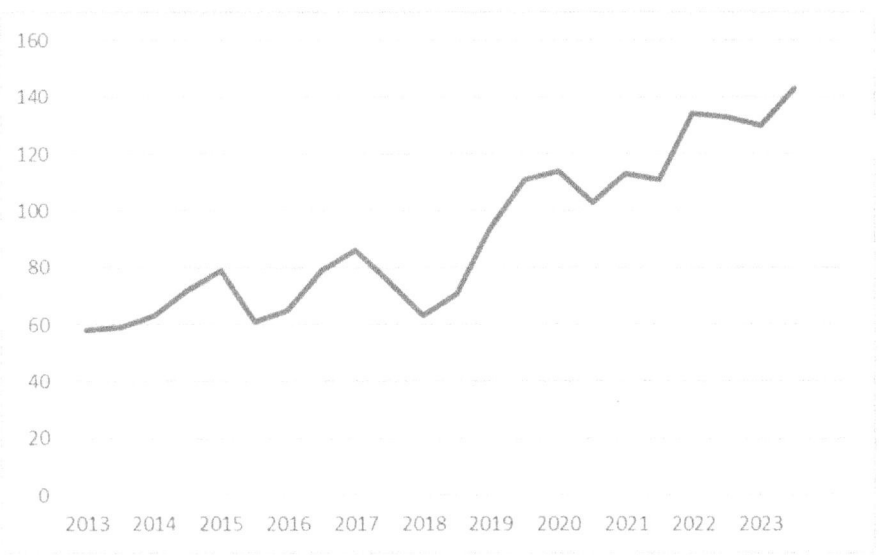

## 178.   SAFRAN SA

**WKN:** 924781 **ISIN:** FR0000073272

Boulevard du Général-Martial-Valin 2 75724, Paris Cedex
15, **FRANCE**

**INTERNET**   https://www.safran-group.com/

**Società**

SAFRAN SA è una società tecnologica. SAFRAN SA, insieme
alle sue consociate, opera a livello mondiale nei settori
dell'aerospazio e della difesa. Le attività commerciali
dell'azienda sono suddivise in aerospaziale, spaziale e
difesa. I prodotti e i servizi dell'azienda sono utilizzati per
aerei ed elicotteri civili e militari.

Negli ultimi dieci anni, SAFRAN ha guadagnato in media il
**12% all'anno.**

# SAFRAN SA grafico delle azioni (2013 - 2023) in euro

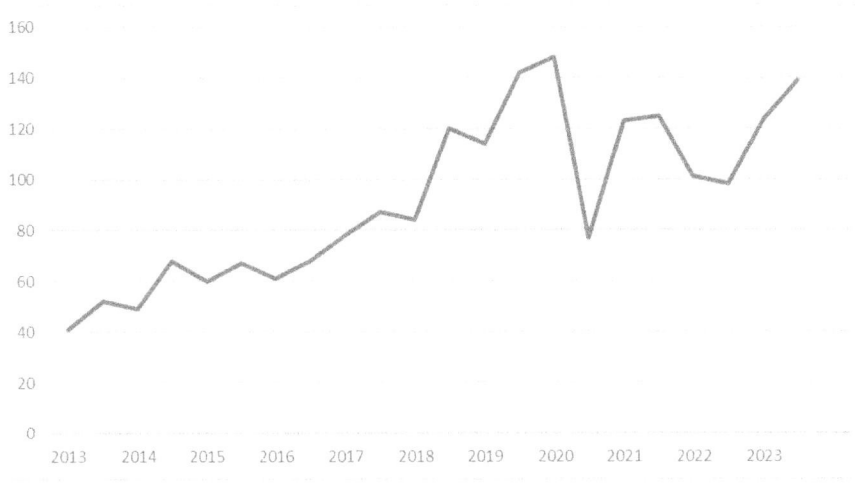

## 179.   S&P GLOBAL INC.

**WKN:** A2AHZ7 **ISIN:** US78409V1044

WATER ST. 55 NY 10041 NEW YORK, NY, **USA**

**INTERNET**   https://www.spglobal.com

## Società

S&P GLOBAL INC. è leader nel settore dei benchmark, dei rating e delle analisi. Le principali attività dell'azienda comprendono le offerte di analisi e dati dell'agenzia di rating Standard & Poors. I clienti dei mercati dei capitali di tutto il mondo utilizzano i rating dell'azienda. Inoltre, S&P GLOBAL INC. fornisce dati e ricerche a gestori patrimoniali, banche d'investimento, banche commerciali, borse e mercati dei capitali, produttori, operatori e broker nei mercati dell'energia, dei metalli e delle materie prime e professionisti dei servizi informativi nel settore automobilistico e del marketing/ricerca.

Negli ultimi sei anni, S&P GLOBAL ha guadagnato in media il **23% all'anno.**

## S&P GLOBAL INC. grafico delle azioni (2013 - 2023) in dollaro USA

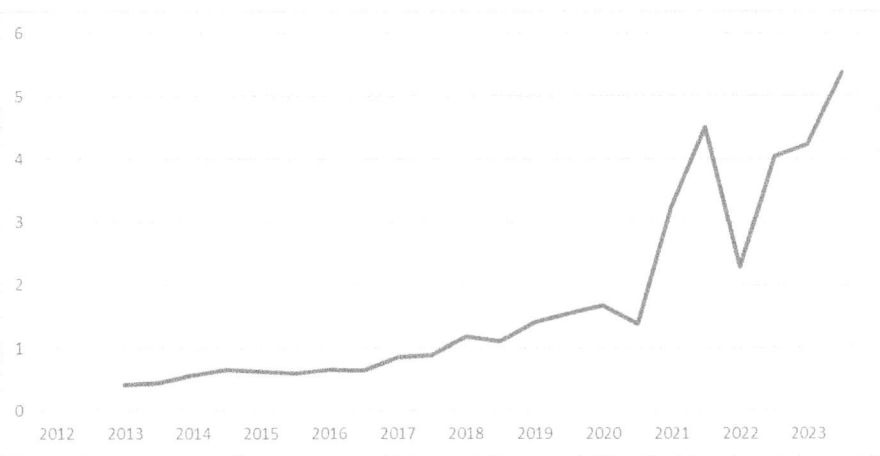

## 180. STEICO SE

**WKN:** A0LR93 **ISIN:** DE000A0LR936

OTTO-LILIENTHAL-RING 30 85622 FELDKIRCHEN, **GERMANIA**

**INTERNET** https://www.steico.com

### Società

STEICO SE è un fornitore di sistemi per materiali da costruzione ecologici e come tale opera nei settori dell'isolamento e dell'edilizia. Il suo core business comprende la produzione e la vendita di prodotti in fibra basati su materie prime rinnovabili. Inoltre, STEICO è attiva nel commercio del legno e offre servizi complementari. I prodotti sono utilizzati nelle nuove costruzioni e nelle ristrutturazioni di tetti, pareti, soffitti, pavimenti e facciate. La clientela europea comprende acquirenti del commercio di legname e materiali da costruzione, imprese di costruzioni in legno, industria delle case prefabbricate, produttori di pavimenti in laminato e negozi di bricolage.

Negli ultimi dieci anni, STEICO ha guadagnato in media il **31% annuo.**

# STEICO SE grafico delle azioni (2012 - 2023) in euro

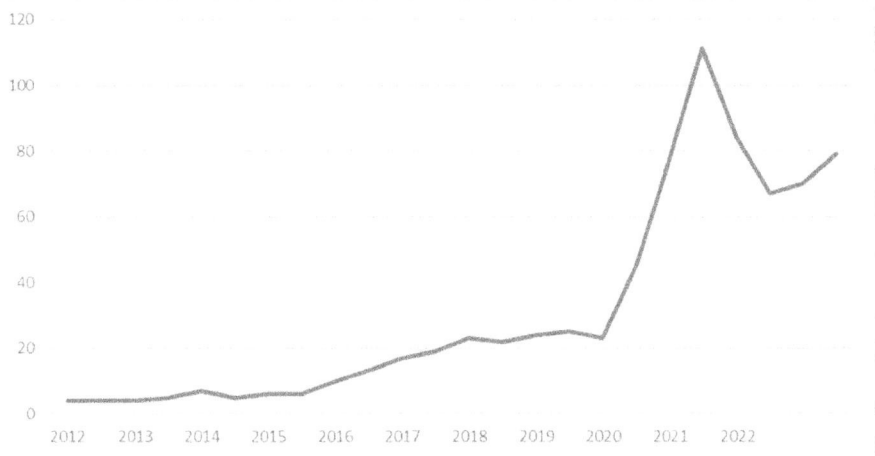

## 181. SYNOPSYS INC.

**WKN:** 883703 **ISIN:** US8716071076

EAST MIDDLEFIELD ROAD 690 CA 94043 MOUNTAIN VIEW, CA, **USA**

**INTERNET** https://www.synopsys.com/

## Società

SYNOPSYS INC. è un'azienda statunitense leader nel settore del software. L'azienda è un fornitore di software per l'automazione della progettazione elettronica. I suoi prodotti sono utilizzati dai progettisti di circuiti integrati, per prodotti elettronici come telefoni cellulari, computer e router Internet. SYNOPSYS INC. fornisce anche servizi di assistenza e formazione.

Negli ultimi nove anni, SYNOPSYS ha guadagnato in media il **32% all'anno.**

# SYNOPSYS INC. grafico delle azioni (2012 - 2023) in euro

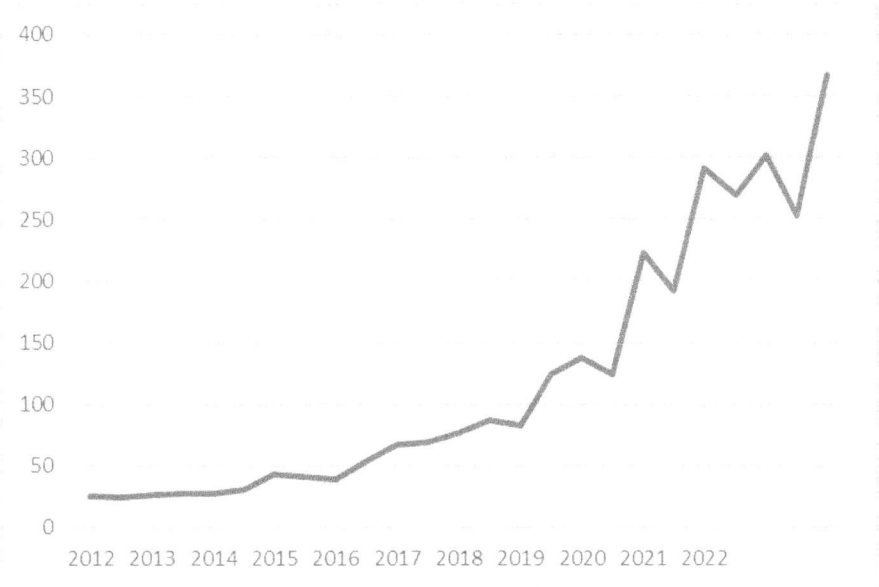

## 182. T-MOBILE US INC.

**WKN:** A0MMP1 **ISIN:** US11133T1034

SE 38TH STREET 12920 98006 BELLEVUE, WASHINGTON, USA

**INTERNET** https://www.t-mobile.com/

## Società

T-MOBILE US INC. è una delle società di comunicazioni mobili in più rapida crescita negli Stati Uniti. L'azienda vende servizi di comunicazione mobile a più di 63 milioni di clienti nei segmenti postpaid, prepaid e wholesale. T-MOBILE US INC. offre anche un portafoglio di telefoni cellulari, tablet e altri dispositivi per l'accesso alla rete mobile, oltre ad accessori come cuffie, auricolari e accessori per cellulari.

Negli ultimi sei anni, T-MOBILE US ha guadagnato in media il **28% annuo.**

# T-MOBILE US INC. grafico delle azioni (2012 - 2023) in euro

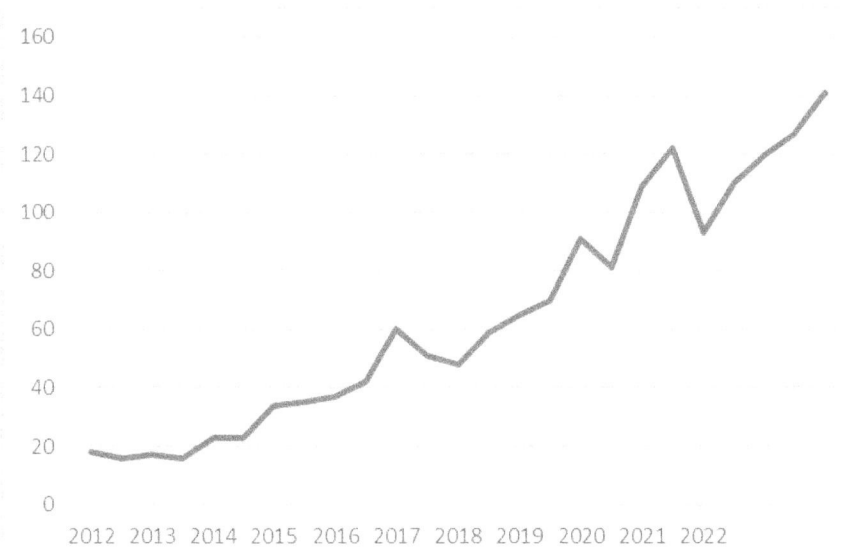

## 183. TOPBUILD CORP.

**WKN:** A14UY4 **ISIN:** US89055F1030

475 North Williamson Boulevard, 32114 Daytona Beach, **USA**

**INTERNET** https://www.topbuild.com/

### Società

TOPBUILD CORP. è una società di installazione e distribuzione di materiali isolanti e per l'edilizia, con circa 235 sedi in tutti gli Stati Uniti. Oltre ai materiali isolanti e agli accessori, TOPBUILD CORP. vende anche grondaie, camini, scaffali per armadi e materiali per tetti, tra gli altri prodotti., Ontario, Canada.

Negli ultimi dieci anni, TOPBUILD ha guadagnato in media il **35% all'anno.**

# TOPBUILD CORP. grafico delle azioni (2017 - 2023) in euro

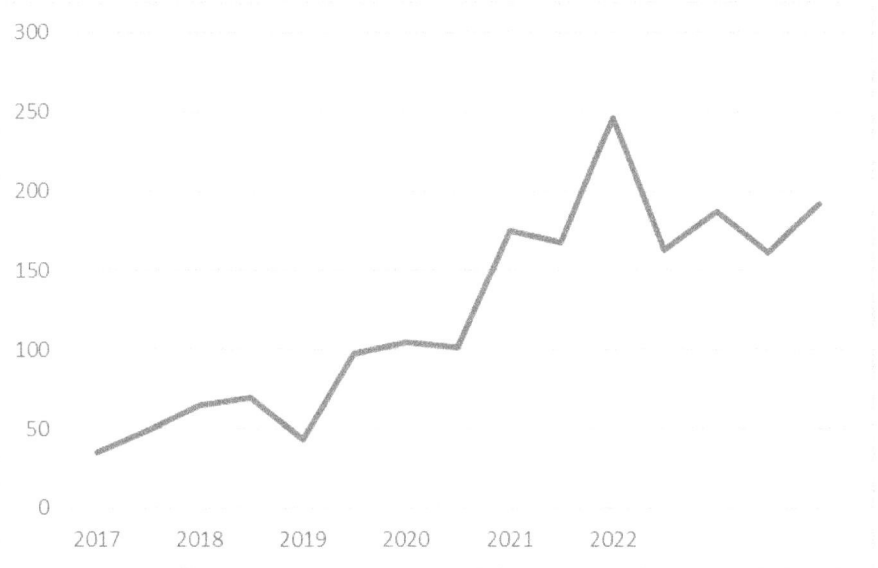

## 184. TRANSDIGM GROUP INC.

**WKN:** A0JEP3 **ISIN:** US8936411003

1301 EAST 9TH STREET, SUITE 3000, CLEVELAND, OHIO 44114, **USA**

**INTERNET** https://www.transdigm.com/

**Società**

TRANSDIGM GROUP INC. è un'azienda che progetta, produce e fornisce a livello mondiale componenti aeronautici avanzati per l'utilizzo in quasi tutti gli aerei commerciali e militari. L'offerta di TRANSDIGM GROUP INC. comprende attuatori e comandi meccanici/elettromeccanici, sistemi di accensione, tecnologia dei motori e pompe speciali, oltre a componenti e sistemi di sicurezza per la cabina di pilotaggio, display specializzati per la cabina di pilotaggio, sistemi audio, cinture di sicurezza e illuminazione.

Negli ultimi sei anni, TRANSDIGM GROUP ha guadagnato in media il **19% all'anno**.

# TRANSDIGM GROUP INC. grafico delle azioni (2012 - 2023) in euro

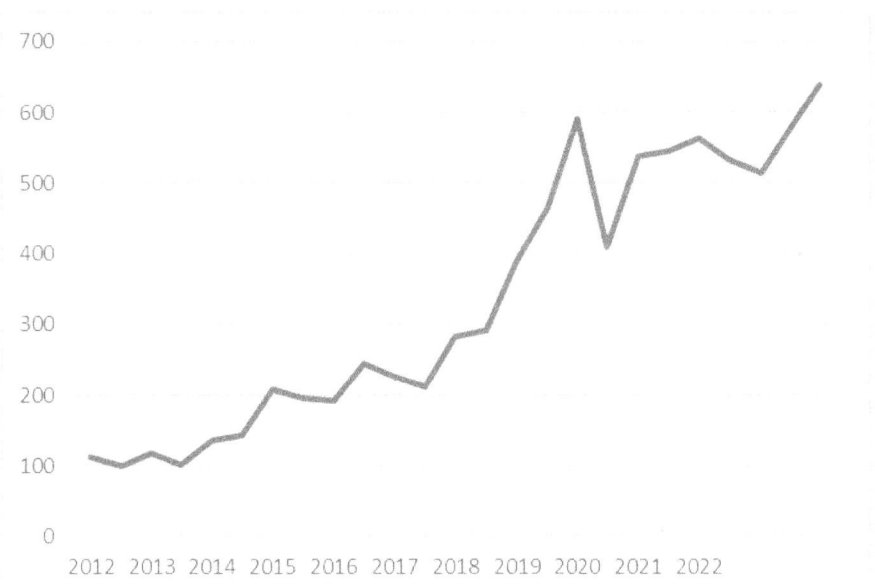

## 185.    TREX COMPANY INC.

**WKN:** 938716 **ISIN:** US89531P1057

Bryan Fairbanks 160 Exeter Drive, Winchester, Virginia 22603-8605, **USA**

**INTERNET**    https://www.trex.com/

**Società**

TREX COMPANY INC. è un importante produttore di decking, ringhiere e altri articoli per esterni in materiale composito alternativo al legno realizzati con materiali riciclati. Il suo processo di produzione combina film di plastica riciclati, come i sacchetti della spesa e gli involucri per la pulizia a secco, con legno di recupero, in parte proveniente dai pavimenti delle fabbriche di mobili. Per procurarsi la quantità di film plastico necessaria alla produzione, TREX COMPANY INC. si appoggia a partnership con catene di negozi di alimentari. I prodotti dell'azienda sono venduti in oltre 6.700 punti vendita in tutto il mondo.

Negli ultimi dieci anni, TREX COMPANY ha guadagnato in media il **32% annuo.**

## TREX COMPANY INC. grafico delle azioni (2012 - 2023) in euro

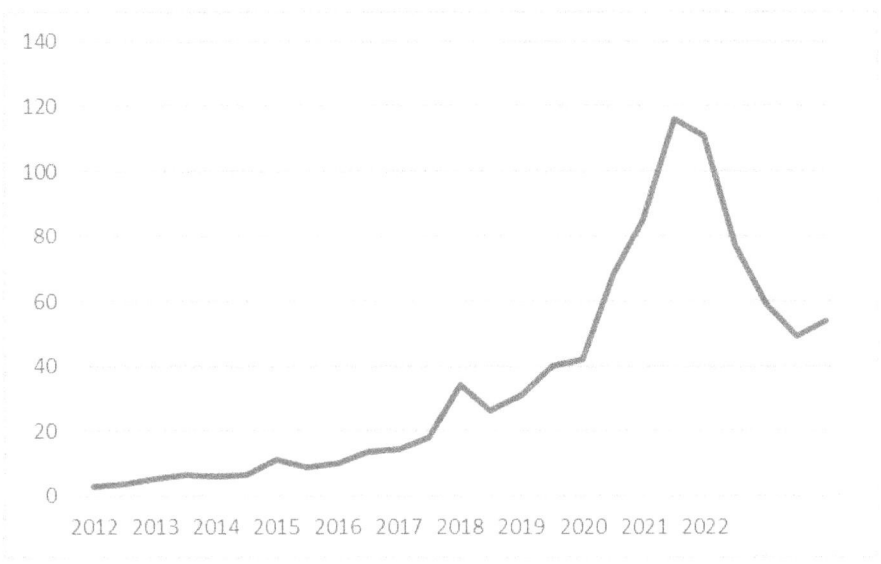

## 186. TRINET GROUP

**WKN:** 580884 **ISIN:** US16411R2085

One Park Place Suite 600, Dublin, CA 94568, **USA**

**INTERNET** https://www.trinet.com/

**Società**

TRINET GROUP è un'organizzazione professionale di datori di lavoro che fornisce alle piccole e medie imprese servizi di busta paga e benefici sanitari e fornisce consulenza ai clienti sulla conformità alle leggi sul lavoro e sulla riduzione dei rischi. TRINET GROUP offre l'accesso a competenze in materia di capitale umano, benefit, riduzione dei rischi e conformità, buste paga e tecnologia in tempo reale.

Negli ultimi dieci anni, TRINET GROUP ha guadagnato in media il **28% annuo.**

# TRINET GROUP grafico delle azioni (2016 - 2023) in dollaro USA

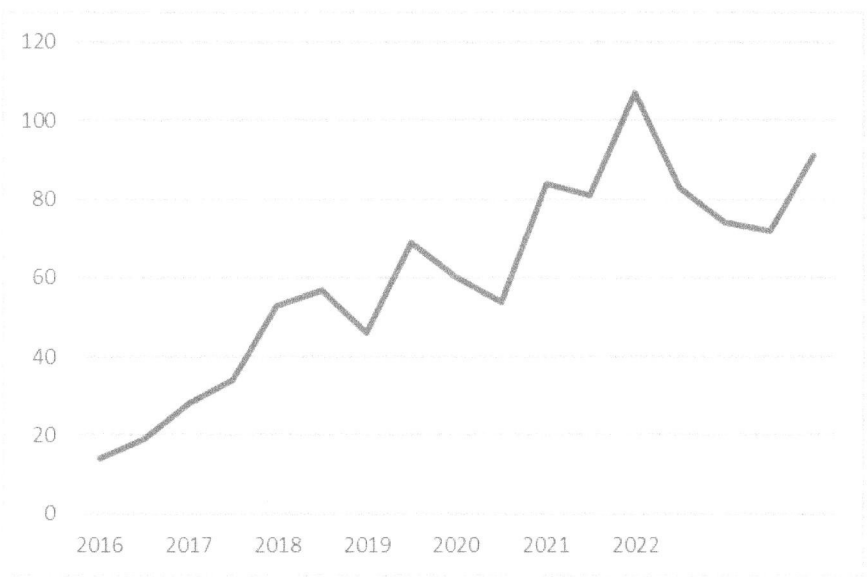

## 187. TYLER TECHNOLOGIES INC

**WKN:** 917099 **ISIN: US9022521051**

5101 TENNYSON PARKWAY PLANO, TEXAS 75024, **USA**

**INTERNET** https://www.tylertech.com/

**Società**

TYLER TECHNOLOGIES INC. è un fornitore di tecnologia dell'informazione, servizi Internet, hardware di consulenza IT, servizi IT, software per il settore pubblico degli Stati Uniti. La gamma di prodotti offerti da TYLER TECHNOLOGIES INC. comprende software di valutazione e fiscali, software integrati per tribunali e agenzie giudiziarie, servizi di dati e approfondimenti, sistemi software finanziari aziendali, software di pianificazione/regolamentazione/manutenzione, software per la sicurezza pubblica, software di gestione dei registri/documenti e software di trasporto per le scuole. Tyler Technologies ha uffici in 17 Stati e uno a Toronto, Ontario, Canada.

Negli ultimi dieci anni, TYLER TECHNOLOGIES INC. ha guadagnato in media il **25% annuo.**

# TYLER TECHNOLOGIES INC. grafico delle azioni (2016 - 2023) in euro

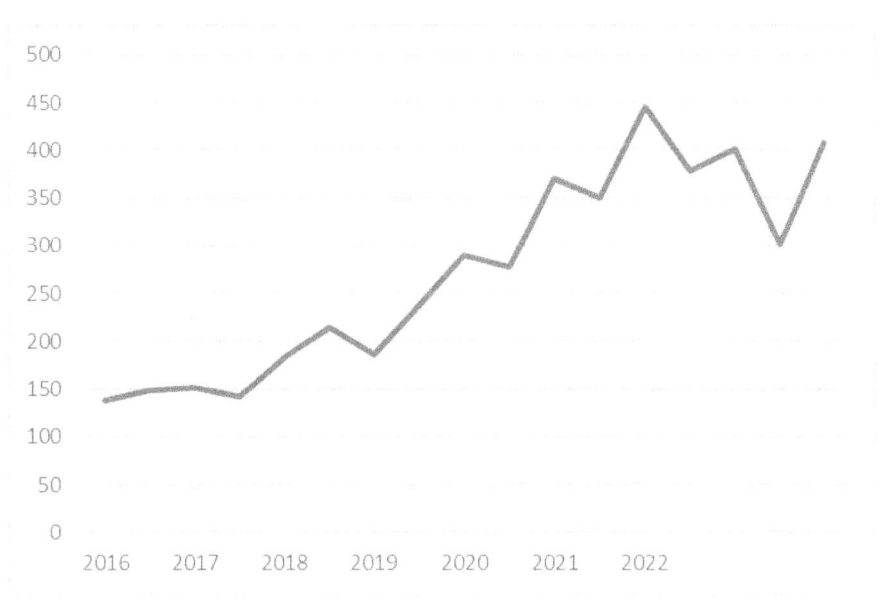

## 188.   UFP TECHNOLOGIES

**WKN:** 902673102 **ISIN:** US9026731029

100 Hale Street Newburyport, MA 01950, **USA**

**INTERNET**   https://www.ufpt.com/

### Società

UFP TECHNOLOGIES progetta e produce principalmente dispositivi, sottogruppi, componenti e imballaggi personalizzati che utilizzano schiume, pellicole e plastiche altamente specializzate. I suoi dispositivi e componenti monouso e monopaziente sono utilizzati in un'ampia gamma di dispositivi medici, dispositivi monouso per la cura delle ferite, per la prevenzione delle infezioni, per la chirurgia minimamente invasiva, per gli oggetti indossabili, per gli articoli morbidi ortopedici e per il confezionamento di impianti ortopedici. L'azienda fornisce inoltre prodotti e componenti ingegnerizzati a clienti dei mercati automobilistico, aerospaziale, della difesa, dei consumatori, dell'elettronica e dell'industria. Le applicazioni dei suoi prodotti comprendono componenti per uniformi ed equipaggiamenti militari, rivestimenti interni di automobili, imbottiture sportive, imballaggi protettivi ecologici, filtri dell'aria, lime per unghie, coperture e inserti protettivi.

Negli ultimi dieci anni, UFP TECHNOLOGIES ha guadagnato in media il **19% all'anno.**

## UFP TECHNOLOGIES grafico delle azioni (2012 - 2023) in dollaro USA

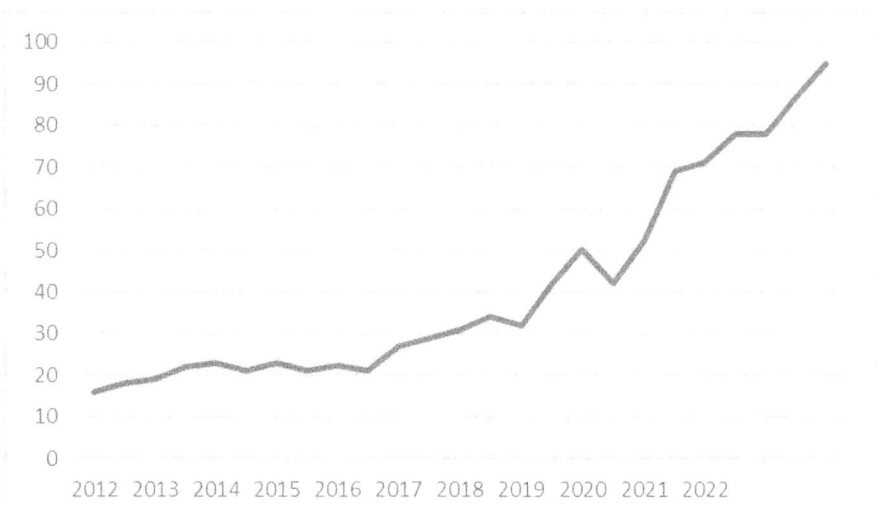

## 189.    UNITEDHEALTH GROUP INC.

**WKN:** 869561 **ISIN:** US91324P1021

BREN ROAD EAST 9900 55343 MINNETONKA, MN, **USA**

**INTERNET**    https://www.unitedhealthgroup.com/

## Società

UNITEDHEALTH GROUP INC. è un gruppo leader nei servizi sanitari. Il Gruppo fornisce soluzioni per la salute e l'assistenza sanitaria a un'ampia gamma di clienti, tra cui aziende di tutte le dimensioni e privati, nonché assicurati statali e pensionati.

Negli ultimi dieci anni, UNITEDHEALTH GROUP INC. ha guadagnato in media il **28% annuo.**

**UNITEDHEALTH GROUP INC. grafico delle azioni (2013 - 2023) in euro**

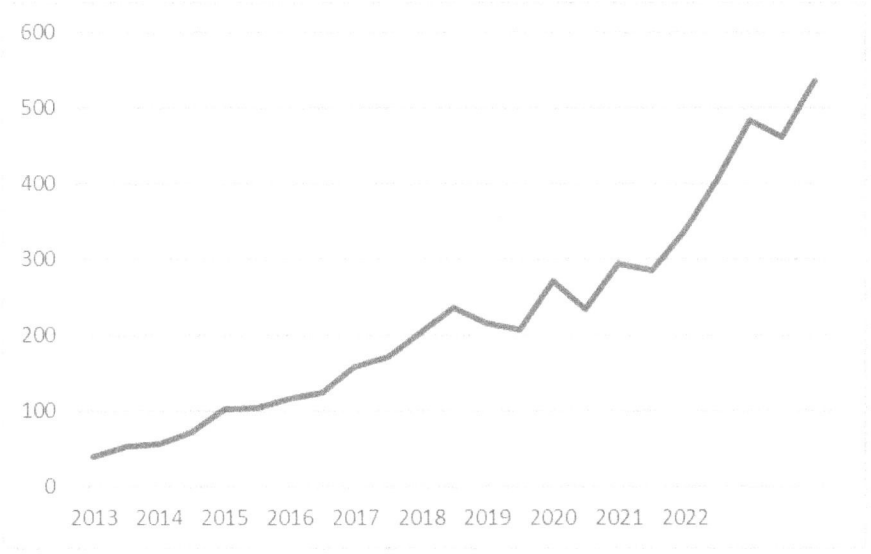

## 190. VALMET OYJ

**WKN:** A2P09K **ISIN:** IE00BK9ZQ967

Rautpohjankatu 3 40700 Jyväskylä, **FINLANDIA**

**INTERNET** https://www.valmet.com

## Società

VALMET OYJ è un fornitore di servizi e tecnologie che progetta, sviluppa e produce sistemi, soluzioni di automazione, macchinari e attrezzature per l'industria di processo. VALMET OYJ opera principalmente nei settori della cellulosa, della carta e dell'energia. L'offerta di prodotti dell'azienda comprende anche vari servizi, come la fornitura di pezzi di ricambio, aggiornamenti e modifiche tecniche. VALMET OYJ dispone di oltre 100 uffici commerciali, centri di assistenza e stabilimenti di produzione in tutto il mondo.

Negli ultimi dieci anni, VALMET ha guadagnato in media il **17% annuo.**

## VALMET OYJ. grafico delle azioni (2014 - 2023) in euro

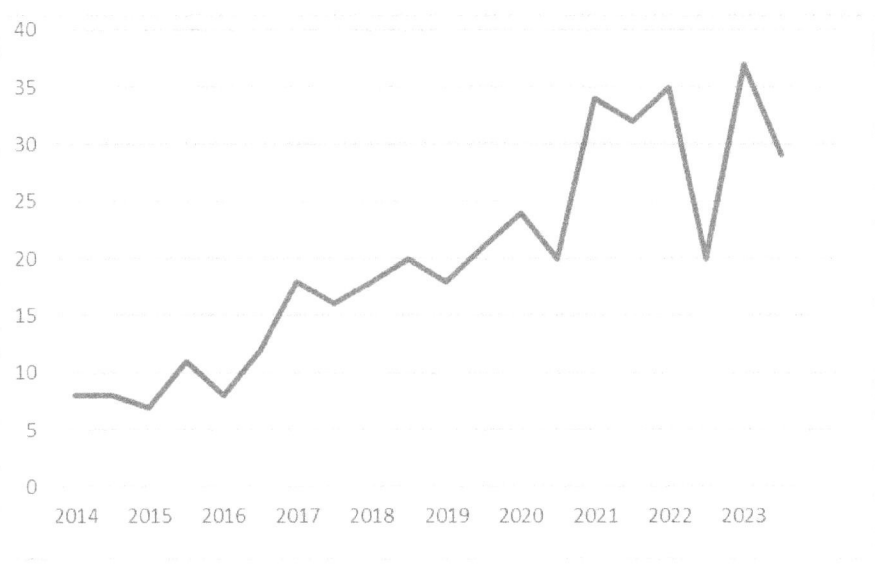

## 191.  VERISK ANALYTICS INC.

**WKN:** A0YA2M **ISIN:** US92345Y1064

WASHINGTON BOULEVARD 545 07310-1686 JERSEY CITY, NJ, **USA**

**INTERNET**  https://www.verisk.com/

**Società**

VERISK ANALYTICS INC. è un'azienda globale di analisi del rischio che fornisce valutazioni del rischio e modelli decisionali per molti settori diversi, tra cui assicurazioni, servizi finanziari, sanità, governo e risorse umane. L'offerta di prodotti di VERISK ANALYTICS INC. è rivolta in particolare ai clienti del settore assicurativo, agli assicuratori e ai riassicuratori. Anche le organizzazioni, le istituzioni governative e i dipartimenti di gestione del rischio di aziende di tutti i settori sono clienti dell'azienda. VERISK ANALYTICS INC. offre inoltre soluzioni per la creazione di modelli decisionali che consentono di prevedere le perdite potenziali future e di registrare le perdite già avvenute.

Negli ultimi dieci anni, VERISK ANALYTICS ha guadagnato in media il **16% all'anno.**

# VERISK ANALYTICS INC grafico delle azioni (2012 - 2023) in euro

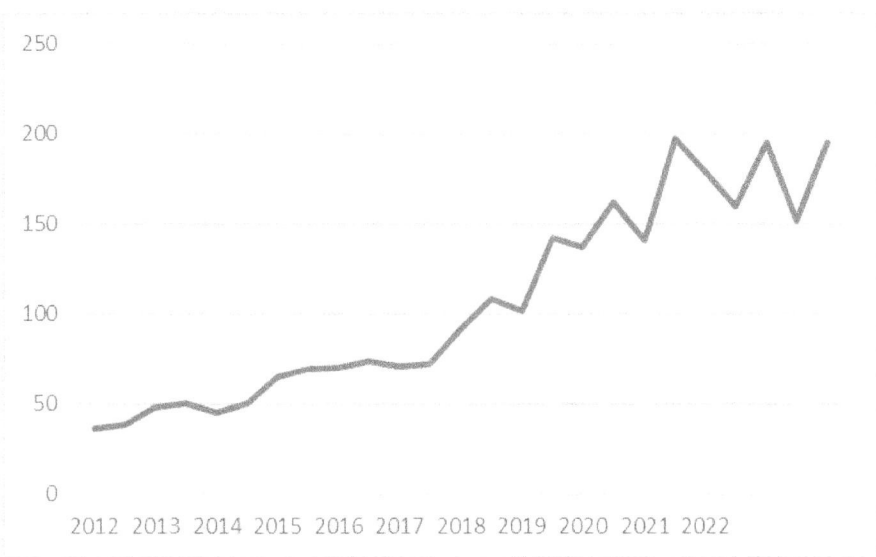

## 192.  WALMART INC.

**WKN:** 860853 **ISIN:** US9311421039

702 SW 8th St. Bentonville, Arkansas 72716, **USA**

**INTERNET**  https://stock.walmart.com

## Società

WALMART INC. è un gruppo multinazionale di vendita al dettaglio. L'azienda opera in tre segmenti: Walmart U.S., Walmart International e Sam's Club. Gestisce supercentri, supermercati, ipermercati, warehouse club, negozi cash-and-carry e discount, warehouse club. Il gruppo vende prodotti come alimentari, abbigliamento, casalinghi, libri, dispositivi elettronici, accessori per auto, mobili, cibo per animali, accessori, giocattoli, cosmetici e gioielli attraverso una rete globale di supermercati e grandi magazzini di proprietà. L'azienda gestisce circa 10.500 negozi e vari siti web di e-commerce con 46 marchi nella regione nordamericana, oltre che in Argentina, Brasile, Canada, Cina, Germania, Corea, Messico, Porto Rico e Regno Unito.

Negli ultimi dieci anni, WALMART ha guadagnato in media il **10% all'anno.**

# WALMART INC. grafico delle azioni (2013 - 2023) in euro

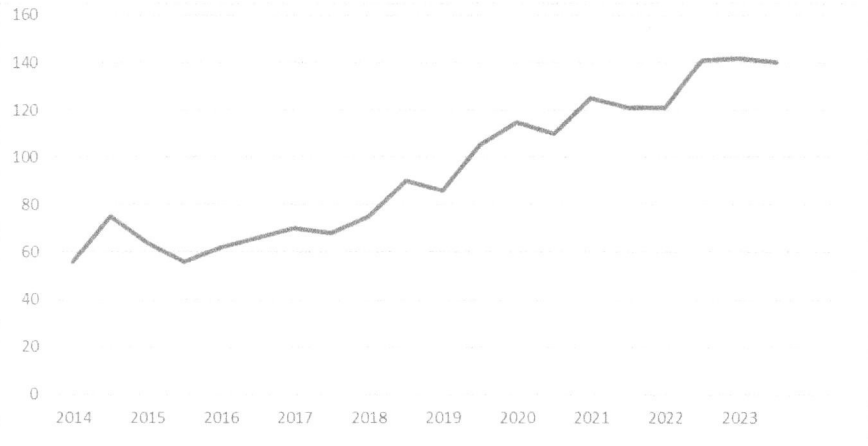

## 193. WASTE MANAGEMENT INC.

**WKN:** 893579 **ISIN:** US94106L1098

800 Capitol Street, Suite 3000 Houston, Texas 77002, **USA**

**INTERNET** https://wm.com

**Società**

WASTE MANAGEMENT INC. è un fornitore di servizi completi di gestione dei rifiuti, quali servizi di raccolta, trasporto e smaltimento dei rifiuti, riciclaggio o conversione dei rifiuti in energia. I destinatari di questi servizi sono privati, aziende, enti governativi, altre società di raccolta dei rifiuti e aziende elettriche. L'azienda gestisce discariche, strutture di stoccaggio temporaneo e impianti di riciclaggio di proprietà.

Negli ultimi dieci anni, WASTE MANAGEMENT ha guadagnato in media il **17% annuo.**

# WASTE MANAGEMENT INC. grafico delle azioni (2013 - 2023) in euro

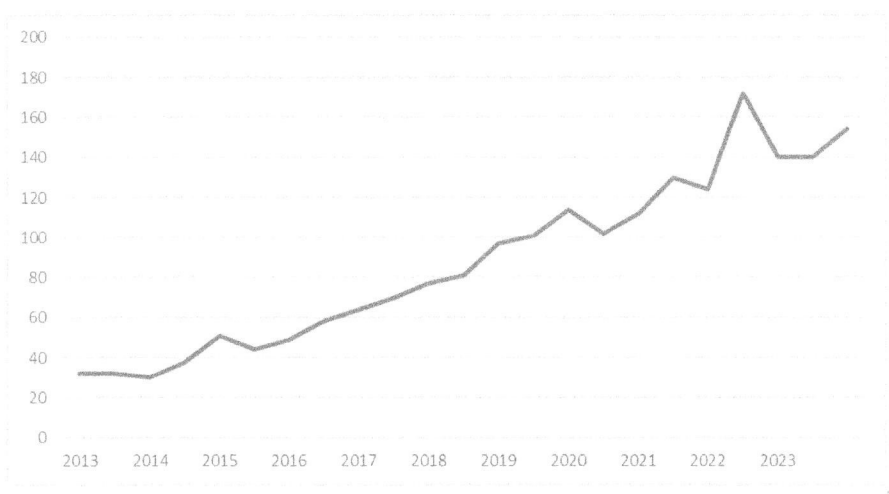

## 194.   WINMARK CORP.

**WKN:** 974250102 **ISIN:** US9742501029

605 Highway 169 N, Minneapolis, MN 55441, **USA**

**INTERNET**   https://winmarkcorporation.com/

## Società

WINMARK CORP. è un franchisor specializzato nella compravendita di merce usata. L'azienda acquista e vende abbigliamento e accessori usati per adolescenti e giovani adulti, abbigliamento per bambini, giocattoli, mobili, attrezzature e accessori, articoli sportivi, attrezzature e accessori per varie attività sportive, abbigliamento femminile, strumenti musicali, altoparlanti, amplificatori, elettronica musicale e relativi accessori. WINMARK CORP. serve le piccole imprese negli Stati Uniti e in Canada.

Negli ultimi dieci anni, WINMARK ha guadagnato in media il **19% annuo.**

**WINMARK CORP. grafico delle azioni (2013 - 2023) in dollaro USA**

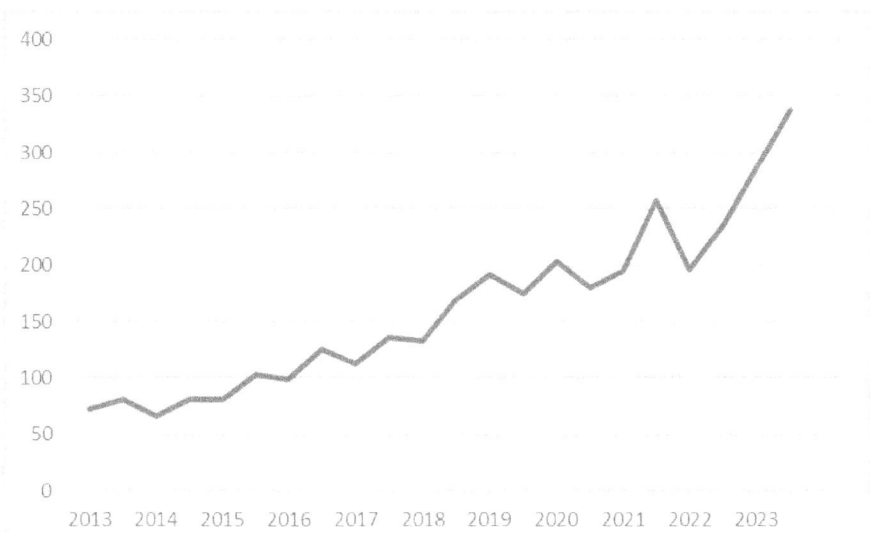

## 195.    WISETECH GLOBAL LTD

**WKN:** A2AGET **ISIN:** AU000000WTC3

74 O'Riordan Street, Alexandria NSW 2015, **AUSTRALIA**

**INTERNET**    https://www.wisetechglobal.com

## Società

WISETECH GLOBAL LTD è un'azienda leader nello sviluppo e nella fornitura di soluzioni software che aiutano i clienti a ottimizzare la loro catena di approvvigionamento attraverso tutte le modalità e i confini.

Negli ultimi dieci anni, WISETECH GLOBAL ha guadagnato una media del **48% all'anno.**

# WISETECH GLOBAL LTD grafico delle azioni (2016- 2023) in euro

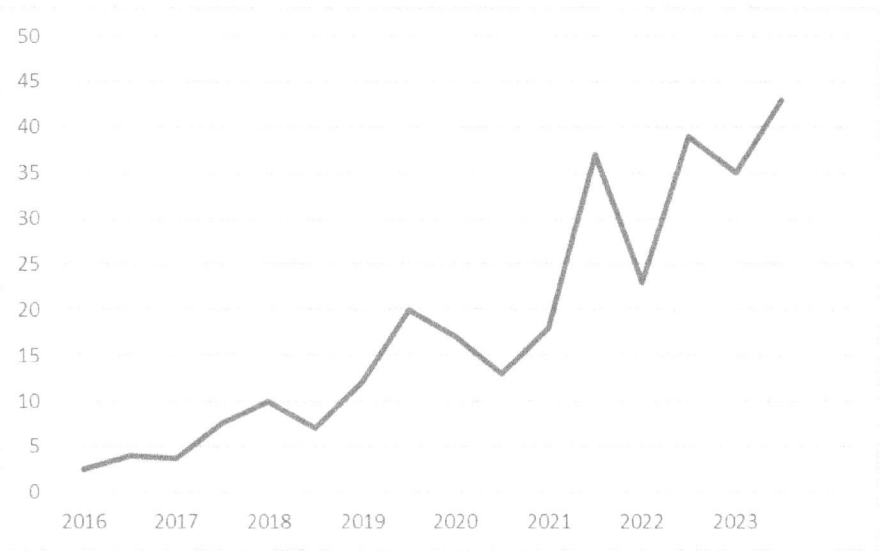

## 196. WOLTERS KLUWER NV

**WKN:** A0J2R1 **ISIN:** NL0000395903

Zuidpoolsingel 2 2408 ZE Alphen aan den Rijn, **PAESI BASSI**

**INTERNET** https://www.wolterskluwer.com

**Società**

WOLTERS KLUWER NV è un fornitore di informazioni specialistiche, soluzioni software e servizi per medici, revisori, avvocati e professionisti del settore fiscale, finanziario, della revisione contabile, del rischio, della conformità e della regolamentazione. La gamma di servizi dell'azienda viene offerta nei Paesi Bassi, nel resto d'Europa, negli Stati Uniti, in Canada, nella regione Asia-Pacifico e a livello internazionale.

Negli ultimi dieci anni WOLTERS KLUWER ha guadagnato in media il **21% annuo.**

# WOLTERS KLUWER NV grafico delle azioni (2013 - 2023) in euro

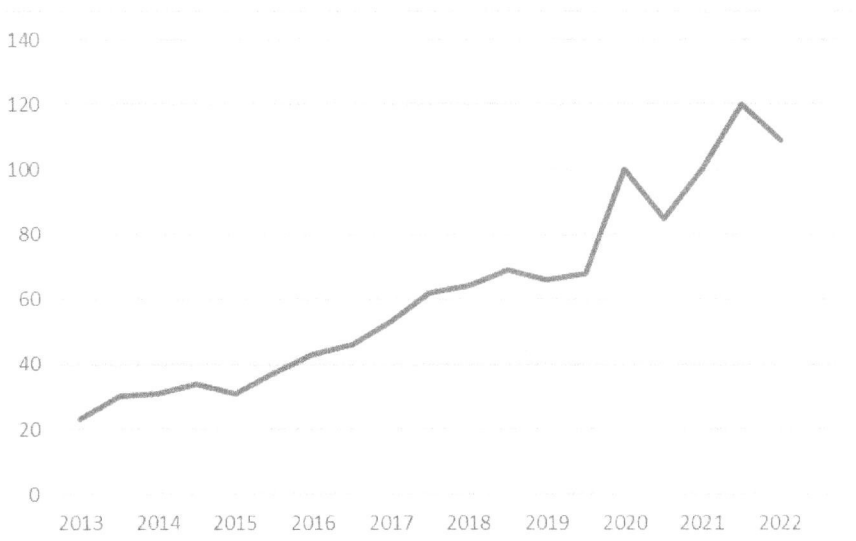

## 197. WSP GLOBAL INC.

**WKN:** A1XBPS **ISIN:** CA92938W2022

1600 Boulevard René-Lévesque West, Montréal, Québec, **CANADA**

**INTERNET** https://www.wsp.com

### Società

WSP GLOBAL INC è una società di consulenza internazionale con sedi negli Stati Uniti, Canada, Regno Unito, Svezia e Australia. WSP GLOBAL INC pianifica, progetta e gestisce soluzioni ingegneristiche sostenibili nei settori della terra e dell'ambiente, dell'energia e delle risorse, dell'industria, degli immobili e degli edifici, dei trasporti e delle infrastrutture e dei progetti di ingegneria idraulica. I clienti dell'azienda sono clienti pubblici e privati e imprese di costruzione.

Negli ultimi dieci anni, WSP GLOBAL ha guadagnato in media il **21% annuo.**

# WSP GLOBAL INC grafico delle azioni (2014 - 2023) in euro

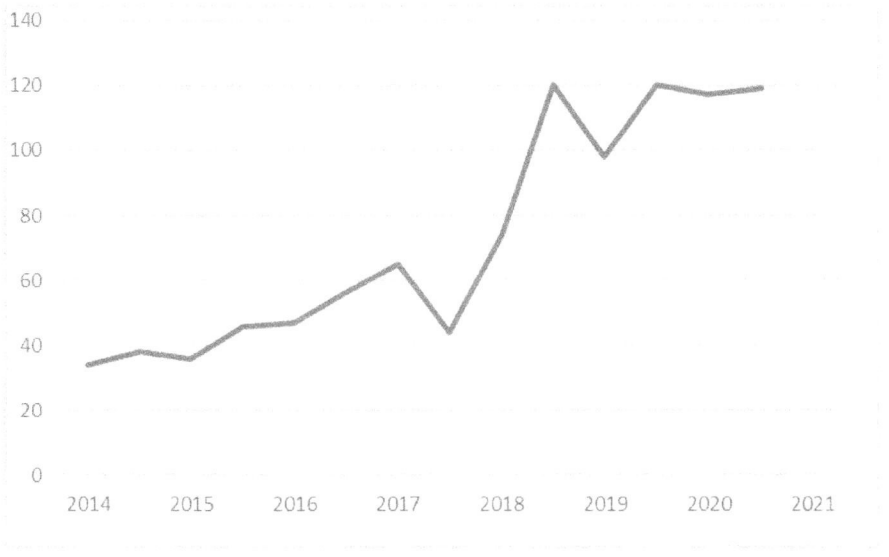

## 198. YUM! BRANDS INC.

**WKN:** 909190 **ISIN:** US9884981013

1441 Gardiner Lane, Louisville, Kentucky 40213, **USA**

**INTERNET** https://www.yum.com

## Società

YUM! BRANDS INC. è il più grande gruppo di ristorazione al mondo con oltre 50.000 ristoranti in 150 Paesi. Il Gruppo, insieme alle sue controllate KFC, Pizza Hut, Taco Bell e The Habit Burger, sviluppa, gestisce e concede in franchising ristoranti quick-service in tutto il mondo.

Negli ultimi dieci anni, YUM! BRANDS ha guadagnato in media il **13% all'anno.**

## YUM! BRANDS INC. grafico delle azioni (2013 - 2023) in euro

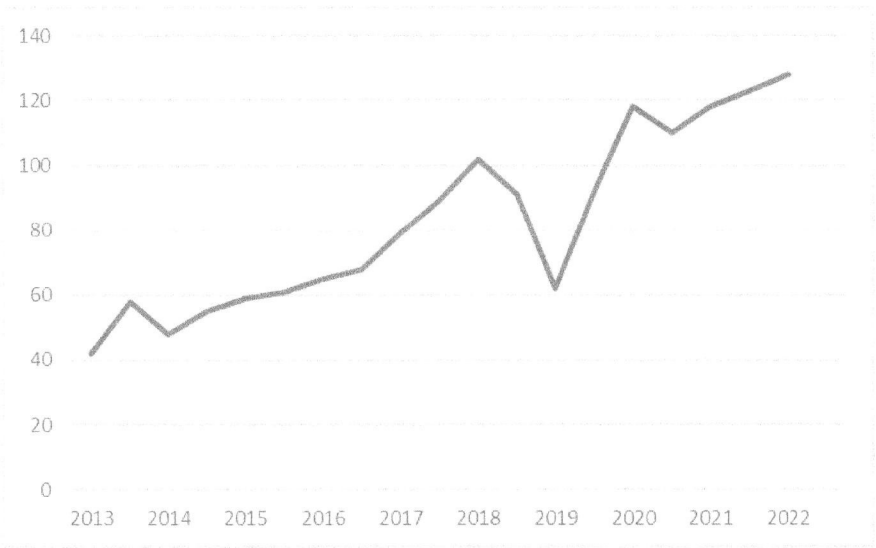

## 199.    ZOETIS INC.

**WKN:** A1KBYX **ISIN:** US98978V1035

Campus Drive 100 07932 Florham Park, NJ, **USA**

**INTERNET**   https://investor.zoetis.com

**Società**

ZOETIS INC. è un produttore statunitense di prodotti farmaceutici veterinari per animali da compagnia e da reddito. L'azienda si occupa di vaccini, farmaci, diagnostica e tecnologie per la salute degli animali. ZOETIS INC. è una delle maggiori aziende di salute animale al mondo.

Negli ultimi dieci anni, ZOETIS ha guadagnato in media il **22% annuo.**

# ZOETIS INC. grafico delle azioni (2013 - 2023) in euro

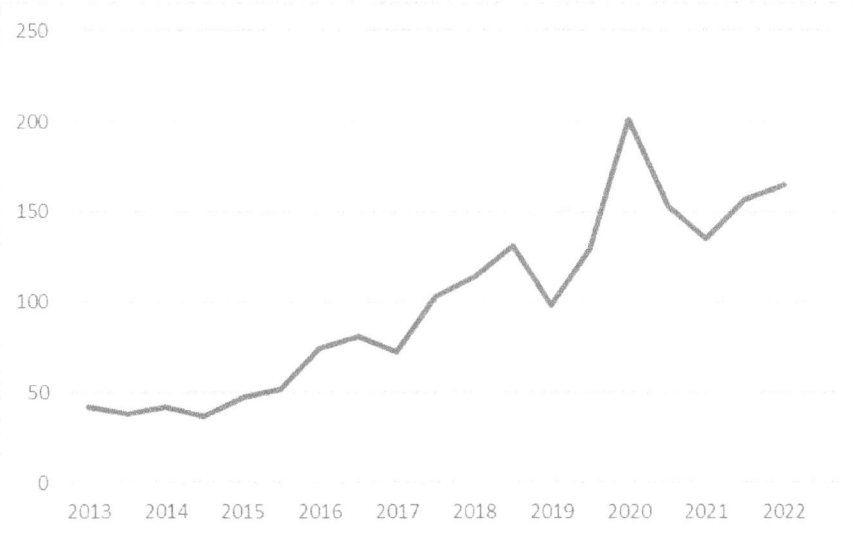

## 200.    3U HOLDING AG

**WKN:** 516790 **ISIN:** DE0005167902

Frauenbergstraße 31-33 35039 Marburg, **GERMANIA**

**INTERNET**   https://www.3u.net

### Società

3U HOLDING AG è una società di investimento. Sotto l'ombrello della holding di gestione e investimento sono riuniti tre segmenti: ICT (Tecnologia dell'informazione e delle telecomunicazioni), Energie rinnovabili e SHK (Tecnologia sanitaria, di riscaldamento e condizionamento).

Negli ultimi dieci anni, 3U HOLDING ha guadagnato in media il **29% annuo.**

# 3U HOLDING AG grafico delle azioni (2013 - 2023) in euro

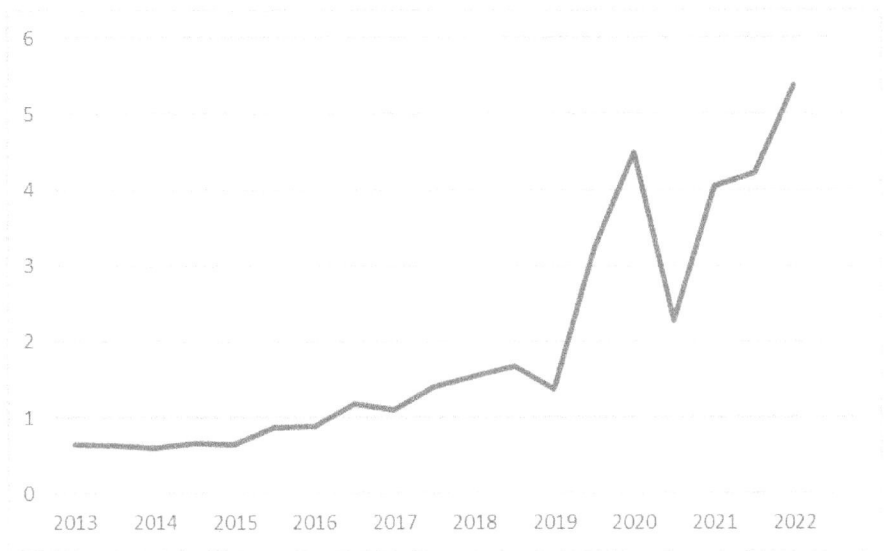

www.ingramcontent.com/pod-product-compliance
Lightning Source LLC
Chambersburg PA
CBHW070424220526
45466CB00004B/1537